天津市艺术科研规划项目（E12025）
天津外国语大学金融创新与产业基金研究科研创新团队项目
天津外国语大学国际商学院精品专著系列

银行业市场约束研究

孙龙建　著

中国财富出版社

图书在版编目（CIP）数据

银行业市场约束研究 / 孙龙建著．—北京：中国财富出版社，2014.3
（天津外国语大学国际商学院精品专著系列）
ISBN 978－7－5047－5117－1

Ⅰ.①银…　Ⅱ.①孙…　Ⅲ.①银行监管—市场监管—研究—中国
Ⅳ.①F832.1

中国版本图书馆 CIP 数据核字（2014）第 022218 号

策划编辑	寇俊玲	**责任印制**	何崇杭
责任编辑	徐文涛　李瑞清	**责任校对**	饶莉莉

出版发行	中国财富出版社		
社　　址	北京市丰台区南四环西路 188 号 5 区 20 楼	**邮政编码**	100070
电　　话	010－52227568（发行部）		010－52227588 转 307（总编室）
	010－68589540（读者服务部）		010－52227588 转 305（质检部）
网　　址	http://www.cfpress.com.cn		
经　　销	新华书店		
印　　刷	北京京都六环印刷厂		
书　　号	ISBN 978－7－5047－5117－1/F·2094		
开　　本	710mm×1000mm　1/16	**版　　次**	2014 年 3 月第 1 版
印　　张	11.75	**印　　次**	2014 年 3 月第 1 次印刷
字　　数	202 千字	**定　　价**	38.00 元

前　言

自20世纪80年代以来，世界主要发达国家纷纷放松对银行业的管制，这种改革是为了充分发挥市场的决定性作用。随着金融全球化的不断深入，银行业的稳定显得日趋重要。近年来频繁爆发银行危机给相关各国经济造成严重损失，促使经济学家和管制者寻找更有效的方式来控制银行的冒险。经济学家并没有提出前所未有的新思路，而是向依靠市场约束的原始方式回归。

2004年6月，国际清算银行公布的《巴塞尔协议Ⅱ》明确将市场约束作为新的监管框架的三个支柱之一，标志着主要工业化国家对市场约束的作用已经取得了广泛共识。虽然，在《巴塞尔协议Ⅲ》中市场约束被提及较少，但是仍然强调了市场约束对改善资本状况的重要性，在信息披露中要求监管要素在财务报表中的完备性。

随着我国银行业改革开放的不断深入，加强市场约束成为银行业稳定的一个现实和必然的选择。党的十八届三中全会提出：“经济体制改革是全面深化改革的重点，核心问题是处理好政府和市场的关系，使市场在资源配置中起决定性作用和更好发挥政府作用。”在金融监管领域中提出：“完善监管协调机制，完善金融机构市场化退出机制。”这些改革都与银行业市场约束密切相关，需要解决好政府监管和市场约束的相互补充问题。因此，此项研究具有良好的理论和现实意义。

本书以产业组织理论和微观银行理论为基础，构建了银行业市场约束的研究框架，深入分析不同参与者的约束机制和影响因素，选择国外不同时期和不同制度环境下的案例进行实证分析。在此基础上，对中国银行业的市场约束全面评析，并进一步提出了促进市场约束的对策。

全书共分为七章，文章的结构安排是顺次的纵向结构。第1章和第2章为引论，第 3、4、5 章为理论研究，第 6、7 章为实证研究。第 1 章导论，包括研究背景、意义和创新点等相关内容。第 2 章是银行业危机与管制约束困境，从银行道德风险视角来研究危机，揭示管制约束政策困境并提出后续要研究的问题。第 3 章是市场约束基本分析框架，主要厘清市场约束概念、实现机制和必要条件，从整体上勾勒出市场约束的全景。第 4 章是私人市场参与者的市场约束，根据市场参与者的不同，探讨相应的约束机制和效果。第 5 章是管制约束与市场约束的相互补充，研究两者内在联系和相互补充途径。第 6 章是银行业市场约束的国外经验，分别对苏格兰、日本和转型国家特定时期的银行业进行专门案例研究，为解决中国的相应问题提供经验借鉴。第 7 章是中国银行业市场约束研究，对中国的问题进行考察，并给出相应的理论解释。

本书的创新体现在以下三个方面：第一，市场约束研究的框架。本书对市场约束概念做了明确解析，提出研究前提假设和理论基础。对市场约束机制的实现条件、表现形式、路径和经济效果等问题进行全面分析，对整个研究框架拓展和系统化。第二，市场力量约束管制者。以往研究只关注市场力量控制银行冒险，目标都是银行，而没有将约束目标定位于管制者。本书解析了需要市场力量约束管制者的原因，并提出相应约束机制。第三，中国银行业市场约束的一系列观点。中国渐进式改革决定不同的制度背景，本书提出建立国有和股份制商业银行分立的显性存款保险制度等对策措施。

孙龙建

2014 年 1 月

目 录

1 导论

金融中介（Financial Intermediation）是现代市场经济中储蓄与投资相互转换的重要媒介，是维持国民经济发展的重要链条。银行业是金融中介的最主要的形式之一，银行作为中介的作用随着时间的推移也在不断的变化，已经从连接借贷双方的传统型中介，转变成作为风险管理者的更为高级的中介（Heffernan，1996）。进入21世纪，放松管制、金融创新和经济全球化已经深刻影响银行业发展，各种市场参与力量的性质和作用也出现了明显转变。本书进行的银行业市场约束研究，是对各种力量与事件进行深入系统分析和评估，动态的认识和透视在不断变化的外在环境下的现实属性，并洞察将来可能的发展方向。

1.1 银行业的特殊性

西方的现代商业银行只有数百年的历史，而具有货币交换、信用扩张、财富保存和提供支付体系等功能的银行却可以追溯到数千年前中东、印度和中国等最早期的文明（Henderson，2001）。近年来，全球范围内证券市场、共同基金、养老基金等其他金融中介迅速发展，金融中介种类呈现多元化和职能相互替代。但是，银行业仍然在整个经济体系中发挥着不可替代的作用，与工商企业和其他金融中介相比，银行业存在一些专有的特点。

马克思在《资本论》第三卷中指出："不管产业资本家是用自有的资本还是用借入的资本从事经营，都不会改变这样的情况，即货币资本家阶级是作为一种特殊的资本家，货币资本是作为一种独立的资本，利息是作为一个与这种特别资本相适应的独立的剩余价值形式，来同产业资本家相对立的。"

现代金融理论对银行特殊性也有着多种阐释，例如 Corrigan（1982）认为银行的特殊性有三个原因：①银行提供交易账户；②银行支持其他机构的流动性；③银行是货币政策传递的纽带。Benston（2004）提出包括：提供特殊产品、对经济发展与增长的重要作用、经济不稳定和执行货币政策的作用、银行受到政府管制等六项特殊性。根据银行业的产业属性和综合已有的理论研究，银行业是否具有特殊性的讨论可以归结为以下两个方面。

1.1.1 银行业具有特殊职能

银行具有一些工商企业和其他金融中介不具备的职能，这些职能在整个经济体系中发挥独特的作用。

第一，提供存款与贷款相关业务，通常称为信用中介职能。银行融资是一种间接融资，即从存款人手中获得存款和将资金借给贷款人进行投资，这个过程存在着银行与存款人和贷款人的双边合约。与银行相比，证券市场是一种直接融资方式，资金的供求双方直接通过双边合约来进行融资。在存贷转换的过程中，商业银行起到了资产组合管理的作用，他们对贷款进行了利率和期限结构的重新搭配，对投资的证券的种类进行选择和优化，从而对资产组合进行有效管理。

第二，银行是整个经济体系唯一提供清算和支付系统的部门，也就是支付中介职能。清算和支付系统具有规模经济特点，银行业承担了集中统一的清算和支付职能。清算和支付系统对整个经济有外部性，它是影响经济效率的重要金融基础设施。支付系统和经济发展既相适应又相互作用，在缺乏支付系统的情况下，非常高的交易费用往往会抵消劳动分工和经济增长所带来的生产性收益（贝泰勒米和门瓦罗达基斯，2001）。

第三，货币创造与货币政策职能。商业银行普遍采取部分准备金制度，银行只将10%左右的存款作为准备金存放在中央银行，通过一定货币乘数创造货币供应量，但是整个社会的财富并没有增加。商业银行具有货币创造的职能，也就成为货币政策的主要渠道，货币政策当局通过调整存款准备金率和存贷款利率来实现政策目标。

第四，银行作为信息收集者和监督者的职能。由于借贷双方存在严重信息不对称，对于投资者的监督的成本很高。银行作为中介，可以利用专业知识和规模经济来节约监督成本。Diamond（1984）提出银行的存在有利于最小化监督成本，有利于解决存贷双方激励问题。银行代理具有高成本的贷款合约监督任务，有利于减少多个借方直接监督造成的重复成本，以及消除他们存在的搭便车的问题。

有一些研究对银行具有特殊职能提出质疑，如 Fama（1980a）认为如果银行业具有竞争性，银行资产组合管理行为就与金融决策无关。Kaufman（1987）认为电信和计算机技术迅速发展使得任何人可以使用大型计算机网络，包括非金融企业和非银行金融企业都能与银行提供近似一致的支付和贷款服务。Gorton 和 Winton（2003）认为：在负债方面，货币市场共同基金可以很好地替代定期存款；在资产方面，银行只是简单作为资产组合管理者，银行贷款相对于公司债券也没有特别之处。

随着金融创新的不断深入，许多非银行金融机构的职能不断扩展，银行的职能的特殊性不断的淡化是不争的事实。但是，除了美国等少数国家有发达的非银行金融机构和金融工具，银行在其他国家的特殊地位仍然是不可替代的。

1.1.2 银行业脆弱和内生不稳定

在自由市场经济中，激烈的市场竞争导致企业优胜劣汰，常常会有企业倒闭发生。除了市场竞争和经济周期导致企业的倒闭，银行业还有一些行业特点导致脆弱（Fragile）和内生不稳定（Inherently Unstable）。

第一，银行业有高的杠杆比率，导致抵抗清偿风险能力脆弱。1985 年，美国制造业的债务股权比率为 1.20，所有产业平均为 2.11，而商业银行为 11.00，储蓄银行高达 28.00（Dewatripont，Tirole，1994）。由于银行的业务是吸收存款和发放贷款，银行的债务股权比例自然很高。如果保持与一般工商企业的杠杆比例，银行业会大幅提高成本和降低效率，不能充分发挥银行业的中介优势。同时，资本相对少不利于对震荡和破产的缓冲，相对小的震荡将导致没有清偿力。同时，还容易产生股东的道德风险问题，股东为了获得整个收益而过度冒险，而债权人对承担不利结果导致银行倒闭代价（Jensen，

Meckling，1976）。

第二，银行合约具有非对称资产和负债结构，导致抵抗流动性风险能力脆弱。银行吸收相对短期负债和持有长期资产，持有高流动性负债而缺乏流动性资产，这种结构安排使银行能够获得利差收入。同时，非对称的资产结构导致银行容易缺乏流动性，对有清偿力的银行挤兑也能够造成银行的巨大损失，银行被迫短期内变现大量未到期资产来补充流动性。而其他金融中介的资产和负债结构都是对称的，证券公司资产可以迅速在二级市场交易，共同基金持有流动性资产和流动性负债，养老金基金持有非流动性资产和非流动性负债。

综上所述，银行业存在着一些与一般产业相区别的明显特征，虽然技术和产品的发展使一些特征变得模糊，使得银行在经济体系中的特殊地位淡化，但没有根本改变银行业的本质属性。作为整个研究的起点，银行业特殊性贯穿了整个论文的始终，银行业危机、银行业的政府管制和本论文研究的市场约束问题都源于此。

1.2 选题背景与问题的提出

当前，世界主要国家的经济虽然都保持了相对稳定的发展，但繁荣的背后仍然存在许多问题亟待解决。在众多的研究热点当中，银行业稳定问题一直都是各方关注的焦点。本书的选题是以危机频发和管制失灵为背景，研究银行业的市场约束问题。

1.2.1 银行业危机频繁爆发

银行业发展的历史也是银行恐慌和危机频发的历史，增加银行业的稳定和控制危机造成的损失是一直必须面对的问题。近代有许多著名银行业危机案例，如19世纪维多利亚时代的英格兰银行业危机和1930—1933年美国银行业危机。20世纪30年代到70年代，全球范围内银行业普遍保持稳定发展时期，但银行倒闭事件还是时有发生。20世纪80年代以来，银行业危机进入新一轮的高发期，银行倒闭已经成为世界范围内的普遍现象，而且国际化蔓延的趋势日益严重，给国际金融体系造成了巨大的冲击。

银行业危机值得特别关注，这是因为危机造成的损失巨大而且波及面广，多年经济发展的成果可能会在一场危机中付诸东流。首先，股东、存款人和债券持有人遭受了巨大损失，他们是银行倒闭最直接的受害者；其次，给国民经济体系的其他部门带来了沉重的打击，危机会增加失业，降低产出，扭曲资源配置、汇率贬值、通货膨胀恶化；最后，政府挽救银行业会造成大量财政成本，实际是由纳税人来保护那些资产的实际市场价值已经低于账面的银行。此外，严重的甚至可以导致政治危机和社会动荡，政治反响带来巨大的不确定性会造成难以预计的成本。由于各国的金融体系逐渐融入到一体化的全球金融体系，一国的银行业危机常常超出国界，这一问题已经成为国际金融合作的重要议题。

1.2.2 银行业管制效果不佳

为了在事前防止危机发生，或者至少在事后最小化其不利影响，几乎所有国家都出于审慎和风险控制的目的建立了监督和管制的机制。银行管制的历史可以看做是政府和私人对银行恐慌做出反应的历史。每次对危机的管制反应都明确或不明确的提出了银行业恐慌成因的“模型”（Calomiris，Gorton，2000）。政府管制是解决市场失灵的重要手段，但是管制政策本身也存在着诸多局限。当前，管制政策在世界范围内执行的效果不佳和面临多方面困境，这些问题已经受到广泛重视。

从第二次世界大战结束到20世纪70年代早期，世界各国银行部门受到政府严重的政府管制甚至是直接控制。银行业市场处于寡头垄断状态，商业银行业相对稳定。实际上，它的稳定使得银行能够遵守3－6－3规则：存款利息为3%，贷款利息为6%，下午3点打高尔夫球。政府主导型金融体系的特点是金融抑制导致无效率，管制严格限制银行间的竞争，对于业务活动、银行产品价格等一系列的严格管制阻止了市场力量发挥作用，银行没有动机提高自身效率。限制竞争保持了高的银行特许权价值（Charter Value），目的是减少银行冒险的动机。这种安排一定程度上保证了金融稳定，银行业以超额利润的形式获得一个缓冲（Cushion）。虽然表面上减少了银行业危机的发生，但就资源配置而言，稳定所付出的代价越来越高，问题的积聚最终导致更大规模危机爆发。

20 世纪 80 年代末和 90 年代初，银行业管制体系出现了重大改革，具有代表性的是 1988 年的巴塞尔资本协议和 1991 年联邦存款保险公司改进法案（FDICIA）的发布。国际清算银行下辖的巴塞尔银行业监管委员会提出的巴塞尔协议，建立了国际统一的资本充足和信用风险管理标准，银行业的运营和管制方式从此发生了巨大的转变。FDICIA 提出了以最小化问题银行的解决成本为管制目标，建立基于风险的存款保险制度，制定及时校正措施（Prompt Corrective Action），这些都标志着管制约束向基于市场的方向转变。

包括美国在内的许多国家，银行业管制政策的构建是为了减少银行体系的脆弱，但在实践中都明显起到了适得其反的效果。管制宽容（Regulation Forbearance）和设计不完善的存款保险制度激励银行冒险，被认为是导致银行倒闭和银行业危机的重要因素。管制者很长时间就认识到管制制度不完善造成银行道德风险的问题，并采取诸多政策措施解决这些问题，但是并没有达到满意的效果。

重新认识这种现实，许多经济学家和管制机构开始寻找维护银行业稳定的更佳途径。从另一个侧面来说，就是在不削弱银行安全健康的情况下，如何最小化对银行业管制的成本。一种思路就是改革管制制度，另一种思路就是发挥市场约束作用。

1.3 研究的目的和意义

经济生活是由一系列活动所组成的复杂的集合，经济科学的最终目的就是要理解这些复杂的活动（萨缪尔森，诺德豪斯，1999）。经济学研究一直致力于解释现实经济问题，研究的重点都是与国计民生息息相关的领域。本书所作的银行业市场约束研究，其目的是探索和发现银行业内在的市场稳定机制，重要意义在于理论研究应用于实践，通过科学、可行的策略发挥市场约束机制，进而维护和加强中国银行业稳定。

1.3.1 研究目的

银行业通常被认为是脆弱的，脆弱显示市场自我稳定的力量不足或实现方式不佳。但是这并不等于否认银行业存在内生的自我稳定机制，市场这只“看不见的手”是客观存在的，本书的研究目的就是明确如何实现银行业自我稳定机制，理解银行业自我稳定机制的原理，发现引起脆弱的根本原因，因势利导来巩固和加强市场机制的作用。

一些学者和管制者已经开始沿着这个目标努力探索，利用市场约束来实现银行业稳定已经成为普遍的共识。美联储前主席格林斯潘（Greenspan）多次表示应该充分发挥市场约束对银行业稳定的作用，Greenspan（2000）在美国银行家联合会（ABA）125 周年大会时表示“透明和市场力量而不是扩张管制将引导银行业渡过技术变革”。一些具体的建议和措施也已经被提出，《巴塞尔新协议》（Basel Ⅱ）提出了以“最小资本要求”、“监管当局的监督检查”和“市场约束”为三大支柱（Three Pillars）所构成的新的银行业监管框架。1999 年，《美国金融服务现代化法》（Gramm - Leach - Bliley Legislation）提出要求发行强制次级债作为加强市场约束的一种手段。

1.3.2 研究意义

虽然利用市场约束来实现银行业稳定已经成为普遍的共识，但是由于世界经济发展的不均衡和制度差异明显，需要从理论方面更加深入研究阐释，中国银行业的现状也非常需要市场约束来维护稳健运行。

1. 本项研究复杂而又亟待丰富发展

由于银行业的特殊性，针对一般工商企业的许多经济理论并不适用于这一领域。随着自由主义思想对经济学的影响日趋扩大，反对垄断和政府干预的呼声不断高涨，但是简单的放松管制并不能改进经济绩效，反而可能引起更大的问题。

无论是发达国家还是发展中国家，普遍的观点认为，消除管制扭曲市场机制就能够发挥作用。这些对现实经济问题的理想化的观点掩盖了影响市场机制发挥作用的关键问题，而这些问题也是需要在研究中发现并且解决的问题。就银行业市场约束而言，存在许多问题需要进一步深入研究，如市场约束及其有效发挥的前提条件、实现的机制和发挥作用的方式、与管制约束之间的相互关系以及制度因素对市场约束的影响等。

银行业市场约束是一个非常有研究价值的选题，具有广阔的研究前景和很高的理论意义。

2. 发挥市场约束有利于中国银行业健康、稳定

长期以来，由于受到传统计划经济的影响，中国银行体系主要的特征就是政府的严格控制，对银行的管制职责几乎完全由政府来履行。银行的债权人确信政府能够对他们的资产安全提供完全的担保，公众对银行的财务状况和潜在的风险漠不关心。

经过多年发展，中国银行业取得了令人瞩目的成就，同时也暴露出了许多严重的问题。虽然在亚洲金融危机中得以幸免，但长期金融抑制导致了严重的无效率，银行和市场参与者的风险意识和定价水平都不高，银行抗风险能力严重不足。同时，中国银行业的管制水平和方式与发达国家还有一定的差距，面对日益复杂的金融环境和金融交易，管制力量亟待加强和获得其他方面的补充。

随着改革的深入和全面的对外开放，中国银行业正向市场导向的运营模式转变，市场约束对维护银行业稳定的作用日益重要，更大限度地发挥市场约束的作用对转型时期中国银行业健康、稳定具有重要的现实意义。

1.4 文献回顾、本书创新与进一步研究的问题

世界伟大的物理学家牛顿在晚年曾回忆说："如果说我比一般人看得远些，那是因为我站在巨人的肩上。"这句被广为传诵的名言说明了科学研究的继承性，每一项学术研究成果都是众多前人研究贡献基础上的进步和发展。本项研究也是如此，在查阅和总结前人已有研究的基础上，本书尝试通过深入、细致的研究力争取得创新突破，还存在一些需要进一步研究的问题。

1.4.1 文献回顾

银行业市场约束研究是一个相对较新的领域，西方发达国家的经济学家首先提出并且居于领先地位。国内的研究在近几年才出现，研究还基本停留在介绍和模仿的层次。对于银行业市场约束的文献回顾，从国外和国内两个方面展开。

1. 国外相关文献回顾

正如 Kaufman（2003）所述："银行业市场约束的概念在第二次世界大战以后已经在许多国家被人遗忘多年，直到近些年才重新被提起。这是由于政府和管制者由于害怕银行倒闭对经济巨大破坏作用，而不让银行倒闭或是保护所有的持股人。" 20 世纪 80 年代，由于银行管制已经面临严峻挑战，美联储一些官员开始建议通过促进市场约束来补充管制约束①。20 世纪 80 年代中后期，美国一些学者才展开这方面的研究②。Berger（1991）和 Lane（1993）应该算是银行业市场约束研究的奠基之作，这两篇文章对市场约束的本质和实现条件做了深入的剖析，以后的许多研究都是参照他们而展开。直到 2004 年，新巴塞尔协议将市场约束列为第三支柱（BIS，2004），国外相关研究才全面展开。从文献的研究方向来看，主要集中在以下方面。

第一，市场参与者能否发现并惩罚银行的冒险行为，这也就是直接市场约束中的市场监督过程。研究考察金融工具的价格或数量与银行风险测度指标之间的显著关系，从而说明市场参与者是否有效监督银行风险状况。在价格方面，Hannan 和 Hanweck（1988）、Ellis 和 Flannery（1992）、Maechler 和 McDill（2005）等选择无保险存款利率，Flannery 和 Sorescu（1996）等选择银行次级债利差，Randall（1989）、Hoggarth、Jackson 和 Nier（2003）等选择股票价格来考察与银行风险测度指标之间的显著关系；在数量方面，Park（1995）、Goldberg 和 Hudgins（1996）等考察无保险存款数量与银行风险测度指标之间的显著关系。

---

① 例如 Horvitz（1983），Baer 和 Brewer（1986）等。

② 例如 Garten（1986）。

第二，市场参与者影响银行管理决策的程度，也就是直接市场约束中的市场影响过程。在这一方面的研究相对较少，而且研究结果存在巨大的差异，具有代表性的包括 Morgan 和 Stiroh（2001）、Covitz，Hancock 和 Kwast（2004）、Bliss 和 Flannery（2001）等。

第三，管制约束中如何使用市场信息，这就是对管制机构参与的间接市场约束的研究。实证研究表明金融市场参与者和银行管制者都可以提供关于银行稳健状况的信息，Berger、Davies 和 Flannery（2000），Evanoff 和 Wall（2001）等发现市场不但提供有效信息，而且还包括了管制者没有掌握的信息。De Young、Flannery、Lang 和 Sorescu（2001）发现官方检查产生了新的、与银行价值相关的信息，而债券价格没有反应这些信息。

第四，管制政策对市场约束的影响。一些文献考察了存款保险对市场约束可能的影响，如 Gilbert（1990）发现无保险存款对风险也不敏感，将原因归结于存在对无保险存款隐性的担保。Billett、Garfinkel 和 O'Neal（1998）发现银行可以通过将无保险存款转换为有保险存款来减轻市场约束。还有文献研究资本充足要求与市场约束的关系，Flannery（1998）研究表明市场约束通过增加对银行保持充足的资本准备和避免过度冒险的激励来改善金融管制环境。

从上面文献回顾可以看出，国外对银行业市场约束问题的研究已经相当全面和深入，同时也存在着一些有待继续深入研究的领域。首先，从研究对象来看，理论和实证研究的对象都是美国，对于其他发达国家的研究在2000年以后才逐渐增多，例如 Gropp 和 Richards（2001）、Sironi（2002）对欧洲的研究，以及 Inakura、Shimizutani 和 Paprzycki（2005），Imai（2007）对日本的研究，尚没有看到关于中国的研究。原因可能是美国金融市场主导的"盎格鲁—撒克逊"金融模式更加容易发现关于市场约束的证据。其次，对于制度因素考虑较少。由于研究对象选择美国等发达国家，高度发达和完善市场经济体系就是默认的制度环境，虽然研究考虑存款保险等制度因素，这些因素也体现了美国的特点。对于银行制度和经济体制与美国存在巨大差异国家而言，需要进一步考虑在这些国家特定经济环境中市场约束独特的机制。最后，研究偏重于实证。已有文献多数都是进行实证研究，缺乏相对完整的研究框架构建。

2. 国内相关文献回顾

通过中国知网①和国家图书馆信息检索系统②，对 Market Discipline 的两个重要中文翻译名称“市场约束”和“市场纪律”进行“主题字段”③ 检索，范围包括了期刊、学位论文和书籍，并对检索结果中与本书研究主题相近的文献详细阅读和参考。从国内研究来看，对于银行业市场约束系统研究较少，2005 年本书的选题时就更少。

从检索的结果来看，没有发现相关的专题书籍。

从学术期刊方面，主要有以下方面的研究：首先，综述性的文章。蒋海、刘少波（2003）和张强、佘桂荣（2006）等对国外市场约束研究进行评述，介绍了国外的新近研究进展。其次，以新巴塞尔协议为主要参考的研究。新巴塞尔协议将市场约束直接解释为增加信息披露，席红辉（2005）和寿建新、戴志敏主要介绍了新巴塞尔协议内容和信息披露的要求。最后，对于特定金融工具的市场约束作用，张玉梅、赵勇（2005）和樊彦翔（2006）对次级债的市场约束作用分析，张玉梅、赵勇（2005）还对中国银行业交叉持债问题进行研究。

在学位论文方面，田光伟（2005）的博士论文对金融业的市场约束进行研究，其中包括银行、证券和保险三个行业，文章的研究主要围绕市场约束机制的过程和条件进行分析，对于市场参与者的激励和实证研究涉及较少。硕士论文中金子寿（2000）沿用了新巴塞尔协议的体系并进行了相关拓展，并对侧重信息披露方面对我国问题进行研究。陈俊龙（2001）所作研究与田光伟（2005）特点相似，还进行了新西兰经验与评价。刘晶（2005）的特点是进行了制度方面的实证研究，自变量包括：政府的金融监管权力指标、政府拥有银行程度指标（STATE）、金融监管独立性（SI）和私人监管能力（PM）、存款保险制度（DI）、投资者法律保护程度（SR 和 CR）、法治程度（LAW）以及产权保护程度（PROP），但是因变量选择了金融发展水平两个

① 中国知网：http：//www.edu.cnki.net/

② 国家图书馆信息检索系统：http：//www.nlc.gov.cn/

③ 包括题目、关键词和摘要。

指标：银行发展水平（PCG）和金融发展水平（FA），主要用来衡量整个金融体系的发展水平。因此，这一研究的目的与本书并不一致。

综上所述，对与银行业市场约束在国内外已经受到广泛的重视，同时还存在一些领域特别是针对中国问题的研究有待加强。

1.4.2 论文创新

著名经济学家熊彼特认为创新包括下列五种情况：①采用一种新产品；②采用一种新的方法；③开辟一个新的市场；④原材料和半成品新的来源；⑤一种新的工业组织。如果在论文创新方面套用上述说法，本书创新点的第一点和第二点属于新的方法，是在原有研究基础上的改进；第三点属于开拓新的市场，致力于在美国以外的国家的应用研究。

第一，市场约束研究的框架。本书对市场约束概念做了明确解析，提出研究前提假设和理论基础。对市场约束机制的实现条件、表现形式、路径和经济效果等问题进行全面分析，对整个研究框架拓展和系统化。

第二，市场力量约束管制者。以往的研究只关注市场力量控制银行冒险，虽然普遍主张市场约束与管制约束相互补充，但约束目标都是银行，而没有将约束的目标定位于针对管制者。文章提出管制随意性、管制宽容和“太大而不能倒闭”需要市场约束管制者的原因，在及时校正措施中融入市场信号的触发机制是约束的一种可行措施。

第三，关于中国银行业市场约束的一系列观点。中国渐进式的转型改革决定了与其他国家不同的制度背景，也决定了中国银行业市场约束问题具有独特的特点。本书提出了引入战略投资者的公司治理改革思路需要市场约束配合，提出建立国有和股份制商业银行分立的显性存款保险制度等对策措施。

1.4.3 需要进一步研究的问题

论文在选题阶段进行了比较充分准备，在写作过程中力图深入和系统的完成研究。但是由于研究本身的复杂和个人研究水平的限制，研究存在一些不足，还有一些问题需要在以后研究中继续完善。

第一，政府支持和隐性担保对中国银行业市场约束影响的定量研究。普遍认为中国银行业特别是四大国有银行受到支持和国家信用担保，银监会等政府部门管制机构也是银行业改革的主导者，政府管制是影响银行业的市场约束的重要因素。本书虽然对这一问题从定性的角度进行分析和论证，但是究竟存在什么程度的政府支持和担保，对市场约束有多大的影响，都需要进一步作定量分析。

第二，银行对市场约束的反应。市场参与者如何控制银行冒险只能算是整个约束进程的一半，另一半是看银行如何对市场参与者的约束做出应对，银行做出反应才标志着整个约束过程的结束。和当前绝大多数关于银行业市场约束研究一样，本文研究重点是市场参与者如何控制银行冒险，对银行如何做出反应以及影响因素研究较少。在对中国银行业的研究部分，由于当前正在进行国有银行的公司治理改革，银行对市场约束的反应需要根据公司治理改革情况进一步考察。

第三，银行同业的市场约束作用。由于存在同业拆借等银行间的业务，银行和存款人、债券持有人等一样会成为另一个银行的交易对手，他们之间存在既竞争又合作的关系。

1.5 研究方法与结构安排

1.5.1 研究方法

20 世纪 70 年代中后期以后，以非合作博弈为基础非对称信息经济学逐渐成为主流经济学的重要部分，微观经济学的重点逐渐由资源配置转向企业行为，非对称信息经济学已经发展成为一种新的主流分析方法。其核心可以归结为“委托—代理”问题，假设代理人比委托人更具有信息优势，代理人可能依据信息优势来牟取私利。本书的理论研究也将采用这一范式，在理论方面具体主要应用产业组织理论、微观银行理论等微观经济理论，在实证研究方面主要采用计量经济和案例研究方式。

1. 理论研究

第一，产业组织理论。产业组织理论以微观经济理论为基础，反过来又丰富和发展了微观经济理论。早期的产业组织理论主要采取的 SCP（结构—行为—绩效）范式，多年来被人们广泛接受并产生过长期的影响，主要以产业为研究对象，主要从事市场结构的研究。

20 世纪 70 年代以后，新产业组织理论（NIO）逐渐取代了 SCP 范式。博弈论尤其是非合作博弈理论成为其主要研究工具，大量吸收了企业理论、交易成本理论、法律经济学、信息经济学等相关学科的研究成果，使产业组织理论成为 20 世纪 70 年代以来经济学中最富生机的领域。1996 年，牛津大学出版社出版阿宁德亚·森（Anindya Sen，1996）主编的《产业组织学论文集》，他在导言中指出，“产业组织理论（IO）的定义可以较宽，包括企业理论、管制、反垄断政策、契约理论以及组织理论的某些内容”。研究重点转向企业行为的研究，分析市场内和企业内理性代理人的策略行为。

本书主要从事企业利益相关者之间策略行为的研究，企业理论、管制经济学和契约理论等都是重要的理论依据。

第二，微观银行理论。20 世纪 70 年代以前，关于银行业的研究主要集中于经营管理和宏观经济效应，主流理论是货币理论等宏观经济理论。在微观经济领域，由于阿罗—德布鲁一般均衡模型无法解释银行业在经济中所扮演的角色，微观银行理论研究长期停滞不前。不对称信息经济学的出现为微观银行理论发展奠定了重要基础，不对称信息可以用来解释银行业在经济中所起到的重要作用。

Freixas 和 Rochet（1997）将关于银行业微观领域的研究归结为“微观银行学”（Microeconomics of banking），将金融中介、银行的产业组织方法、金融合约、银行挤兑与系统风险、银行风险管理和银行管制等问题纳入这一框架。本书所作银行业市场约束研究，上述方面都有广泛涉及，特别是银行的产业组织方法、银行挤兑与系统风险、金融合约和银行管制的相关理论是本书研究最直接的基础。

2. 实证研究

第一，案例研究（Case - Study）。产业济学一直是实证和案例研究导向，案例研究方法是长期以来主要研究方法。本书采取的案例研究较多，包括了苏格兰、日本、保加利亚和中国一些银行的案例。理论研究虽然提出了一些具有说服力的见解和结论，但是严格假设和抽象分析又使理论与实际经济状况存在距离。案例分析更加与经济背景紧密联系，本书选择多个案例进行比较研究，试图从多角度全面的研究银行业市场约束，进一步归纳总结出一些新的结论，进一步丰富和发展理论研究。

第二，计量经济学（Econometrics）。现代经济学越来越重视数学知识的运用，其中计量经济学是常用的实证研究工具，用于经济预测、理论模型检验和变量之间因果关系检验。计量经济学作为定量分析方法，结果更加直观、精确和深入。对在本书的研究中，仅在第 7 章当中利用计量经济学中的面板数据方法，考察银行基本实力与银行存款增长率之间的关系。在本书的选题和写作阶段，曾经试图中国银行业研究中选择更多的解释变量，在对转型国家的研究也曾试图采用计量经济学的方法。尽管南开大学图书馆提供国内外著名的数据库资源，仍然没有能够获得足够完整的数据，所以最终没有进一步深入研究。除了个人研究水平有限的原因，也反映出了计量经济学的一个局限，就是对数据样本的依赖。

1.5.2 结构安排

全书共分为 7 章，文章的结构安排是顺次的纵向结构。其中：第 1 章为导论，第 2 章为提出问题的引论部分，第 3、4、5 章为理论分析为主的部分，第 6、7 章为实证部分为主的部分。

第 1 章是导论，包括了惯例中所包含的研究背景、意义和创新点等相关内容，本书还将银行特殊性的问题放在全文的开端，后续银行业危机、管制和市场约束等问题都源于此。

第 2 章是银行业危机与管制约束困境，本书主要从银行道德风险这个微观的视角来研究危机，揭示管制约束扭曲导致不良后果和政策困境，进而提出通过市场力量来约束银行风险的后续研究。

第 3 章是银行业市场约束基本分析框架。主要厘清市场约束概念、实现机制和必要条件，从整体上勾勒出市场约束的全景。

第 4 章是私人市场参与者的市场约束。就是市场参与者直接影响银行决策者的行为，起到管制约束的替代作用。根据市场参与者的不同，探讨相应的约束机制和效果。

第 5 章是管制约束与市场约束的相互补充。一方面，市场参与者为管制者提供银行信息，管制者根据信息来影响银行行为；另一方面，管制政策可以改善实现市场约束机制的条件，从而促进市场约束的效果。

第 6 章是市场约束的国外经验。由于经济、社会状况存在巨大差异，各国金融体系也有各自的特点。以苏格兰、日本和转型国家进行专门的案例研究，为解决中国的相应问题提供经验借鉴。

第 7 章是中国银行业市场约束研究。在前面理论与实证分析的基础上，对中国的问题进行考察，并给出相应的理论解释。

2　银行业危机与管制约束困境

2004 年 6 月，国际清算银行举行的“Per Jacobsson”基金会的研讨会上，曾经长期担任英格兰银行首席顾问的 Charles Goodhart 发言指出：英国金融服务管理局（FSA）、财政部，甚至是国际清算银行，都对避免金融不稳定没有明确的工具和目标。当前，也实在没有定义或是量化测度金融稳定的好方法。在通过互联网对一组专家询问如何定义“金融稳定”，当中最有说服力的回答是不存在金融不稳定（Goodhart，2004）。

上述论述一定程度反映了频繁和广泛银行业危机给经济学家、银行家和监管当局带来巨大的压力，当前的管制政策在应对危机时面临无效的困境。科学研究的发展历程表明，越是富有挑战的领域，越是理论研究和政策的焦点。许多研究试图从本质上解释银行业危机成因，管制政策也做出诸多改进来更加有效发挥作用。本节将对近年来全球银行业危机进行简要回顾，对银行业危机的理论解释进行评述，分析管制约束的现实困境和改进措施。

2.1　银行业面临危机的挑战

正如 Gorton 和 Winton（2003）所述，有相当范围广泛的现象似乎在研究者的心中，银行业危机（Banking Crisis）却是不明确和很难准确定义的。Grossman（1994）主张银行业危机应该包括以下三个典型要素：①高比例的银行倒闭；②特别大或重要的银行倒闭；③在①或②所描述的类型的倒闭，只有通过严重和直接的政府干预，如宣布银行中止营业、重组或是国有化，才能够防止这些情况的发生。

2.1.1 20世纪80年代以来全球银行业危机回顾

20世纪80年代开始，全世界许多国家或地区经历了严重的金融危机，发达的工业化国家、发展中国国家和转轨国家都受到了影响（见表2－1）。Lindgren、Garcia和Saal（1996）研究显示在1980—1996年间有133个国家或地区发生了银行业危机；Caprio和Klingebiel（1999）研究显示，从20世纪70年代以来，在93个国家或地区发生了112次系统性银行业危机，在41个国家或地区里发生了51次边缘性和小的（非系统性）银行业危机。随后又出现了涉及泰国、韩国、马来西亚和印尼等国的1997年东亚银行业危机、1998年俄罗斯银行业危机和2001年阿根廷银行业危机。进入21世纪，美国次贷危机和欧洲主权债务危机都波及到银行业，美国次贷危机曾引发加利福尼亚州印地麦克银行、内华达州的第一国民银行和加州的第一传统银行等相继破产。

表2－1　20世纪80年代以来主要国家和地区银行业危机损失状况

国家	时间	最低实际GDP增长率(%)	不能偿还的银行资产(%)	财政成本占GDP(%)	产出损失占GDP(%)
阿根廷	1989—1990	－7.5	40		13.4
	2001	－10.9			15.0
巴西	1994—1995	0.1	15.4	13.2	0.0
芬兰	1991—1994	－6.3	31	11.2	21.0
中国香港	1998	－5.0			10.5
印度尼西亚	1997—2002	－13.1	35	55	39.0
日本	1992—	0.9		24	48.0
韩国	1997—2002	－6.7		28	17.0
马来西亚	1997—2001	－7.4	14	16.4	33.0
墨西哥	1994—2000	－6.2	19	19.3	10.0
挪威	1990—1993	0.9	85	8	0.0
瑞典	1991—1994	－1.1	22	4	11.0
泰国	1997—2002	－10.5		34.8	40.0
美国	1988—1991	4.2		3.2	0.0

资料来源：根据Honohan and Laeven（2005）整理。

银行业危机造成的后果也是非常严重，给整个社会带来负面影响。银行业的严重问题严重抑制经济增长，多数国家甚至经历了大幅的经济衰退，经历1997年亚洲银行业危机的印度尼西亚和泰国的经济增长都超过了－10%，GDP的损失普遍超过了10%，有的国家甚至超过40%。为了防止银行业危机扩散和减少危机的不利后果，各国或地区管制当局在救助和倒闭银行处置方面花费了巨大财政成本。20世纪80年代，美国在处理储蓄贷款机构（S&L）危机的财政成本支出估计1500亿美元到1800亿美元，占了GDP的2%～3%。尽管美国的成本支出已经相当庞大，但如果以占GDP比例为标准来衡量，如按照官方公布的数据，美国进入不了危机前25名；如果按照可得到的经验估计数据，美国可能前50名都进不去（Caprio，1998）。有一些国家或地区危机的财政成本支出超过了GDP的10%，20世纪80年代末期，斯堪的纳维亚半岛国家银行业危机中，芬兰的损失为GDP的11.2%；20世纪90年代末日本、韩国、印度尼西亚和泰国发生的危机所造成的损失则更高，韩国和印尼的损失分别为GDP的28%和55%。这些处理银行损失的财政成本将成为准财政赤字，最终要由纳税人来承担。实际的负面影响远不止这些，经济衰退造成失业等引发了一系列社会问题，社会矛盾对立加剧，人民生活的痛苦指数剧增。问题银行处理的结束并不意味危机的终结，需要经过长时间的努力才能恢复到危机前的发展状态（见表2－2）。1975—1997年的54次银行业危机的平均恢复时间为3.1年，其中：工业化国家为4.1年，新兴市场国家为2.8年（Kaufman，2000）。

表2－2　　银行业危机恢复状况（1975—1997）

	危机数量	平均恢复时间（年）①	每次危机累计损失（%）②
银行业危机	54	3.1	11.6
工业化国家	12	4.1	10.2
新兴市场国家	42	2.8	12.1

资料来源：Kaufman（2000）。

① 直到GDP恢复危机前增长趋势的时间。

② GDP按原来趋势增长与实际产出增长之差的累计，从危机开始到恢复原来增长趋势为止。

从表 2 -2 分析可以看出：20 世纪 80 年代以来，银行业危机数量和频率出现了迅猛的增长，危机造成的巨大损失和迅速国际蔓延严重威胁各国和全球银行体系稳定。面对严峻的局势，各国政府、经济学家和民众都非常关注如何应对危机，关注焦点在于是什么样原因引发银行业危机？为何损失越来越严重？采用什么方式才能有效预防危机或是让危机损失最小化？

2.1.2 银行业危机的成因

对于 20 世纪 80 年代以来的银行业危机的成因解释，许多经济学家和资深管制官员都表达过各自的观点。银行业危机究竟是由银行家还是由管制者造成的，对于这个问题双方争论不休，银行家和管制者相互指责对方的错误导致了问题出现，但是都没有提出有效的改进措施。针对发生的事件或取得一致看法，或存在一定的分歧。

通过对这些学者的论述进行总结归纳，仍然可以发现在纷繁复杂中存在许多真知灼见。长期以来就存在普遍共识，宏观和微观经济因素之间是相互依存的，如果没有良好的微观经济基础，宏观经济政策很难取得有效的结果。从实证研究中可以看出，银行业危机的原因从来不是单一的，而是许多因素共同作用的结果。Moskow（1998）认为银行业危机的原因通常可以分为两类：一类是宏观经济因素引发的危机；另一类是由薄弱的微观经济基础设施导致的危机，这两类危机是相互作用的，很多研究也是从宏观和微观两个层次进行分析①。

沿着这种思路，本书将从宏观和微观两个层次分析银行业危机成因。特别是对 20 世纪 80 年代以来银行业危机形成、发展和结果等一系列问题进行系统研究，对银行业危机的防范及化解会有一定启示。

1. 宏观因素

从宏观经济角度，银行业危机被认为是经济周期的一种自然的结果，宏观经济的大幅波动震荡导致银行信贷供给与需求的变化。资产价格、利率、汇率出现大幅波动或是恶性通货紧缩等都是触发银行业危机的宏观因素。以

① 例如 Hausmann 和 Rojas - suarez（1996），Gup 和 Bartholomew（1999）。

资产价格为例，在经济繁荣时期，银行会出现放款膨胀（Lending Boom），金融资产和房地产等价格快速上升到远远偏离实际价值。作为抵押品的资产的价格上涨，使得从银行能获得贷款数量增加；当资产价格泡沫的破裂，使银行资产负债状况恶化，从而造成银行清偿力出现问题，严重的就可能导致系统性银行业危机。表2－3为一些国家银行业危机的宏观因素。

表2－3　　一些国家银行业危机的宏观因素

	宏观经济政策和条件变化
芬兰（1991—1994）	低利率和信用的迅速增加，引起房地产业泡沫式增长和经济过热，一项限制免除利息支付的税务改革加上高度的债务负担，导致泡沫经济破灭，造成1990—1993年的衰退
法国（1991—1995）	房地产热过后，1992—1993年经济全面衰退；1992—1995年年底房地产业不景气；低通货膨胀，但失业率高，财政赤字
日本（1992—　）	房地产热过后，1992—1993年经济全面衰退；1992—1995年年底房地产业不景气；低通货膨胀，但失业率高，财政赤字
马来西亚（1985—1988）	20世纪80年代早期，货币与信用的快速增长和占国内生产总值20%的财政赤字引发通货膨胀，造成股票及房地产市场的价格出现泡沫现象。反周期波动政策导致1985—1986年的经济衰退，泡沫破灭
西班牙（1977—1985）	1973年和1980年的石油价格冲击都损害这个石油进口国的经济。采取银根紧缩政策以降低通货膨胀，负利率之后实际利率上升至较高水平，股票及不动产价格下降

资料来源：Lindgren，Garcia和Saal（1996）。

大量实证研究证实了宏观因素是导致银行业危机的重要因素。其中Lindgren、Garcia和Saal（1996）对34个国家进行研究都显示了宏观经济动荡造成银行不稳健，相对价格的剧烈变动会给企业和银行造成困难（见表2－3）。盛（2001）的研究也显示，1983年开始一直到80年代末，美国经济都呈现着稳定的增长。然而，不同部门和不同地区在不同时候受到了行业周期和相对价格变化带来的不同程度的影响。而且，地区经济衰退又给当地的银行和储蓄机构带来了负面的影响。特别是美国公司产品的价格和出口的下降引起了农用土地价值的严重贬值，这进而导致了中西部地区银行的破产。

综上分析可以看出，银行作为金融中介与工商企业存在广泛的联系，受到了宏观经济因素的广泛影响，稳定发展的宏观经济环境是保持银行业安全稳健的重要因素。

2. 微观因素

在相同的宏观经济背景下，不同银行的境况也存在明显差异。经历同一场危机，有一些银行会在危机中倒闭，而还有一些银行能够渡过危机，渡过危机的银行所遭受的损失也不同，这些都与银行个体之间的微观因素有关。

Llewellyn（2003a）列举了“坏银行”以下几个方面的特征：①银行以低的资本比率运营，甚至低于管制当局要求的最小资本充足标准；②巨大的外汇暴露；③短期借贷迅速增长；④银行内部的风险分析、管理和控制不佳；集中的贷款组合严重暴露于房地产；⑤银行贷款基于不可持续增长的资产价格；⑥向同一集团或是风险管理差的公司贷款；⑦不能将风险溢价加入到贷款利率中；⑧不准确的会计标准和不良的贷款分类。De Juan（1996）认为管理不善的典型特征包括过度扩张、迅速增长、不好的贷款政策、低效的内部控制和差的计划安排。Llewellyn（2003）和 De Juan（1996）描述银行经营不善的相似特征，这些因素当中一个或是几个的后果都可导致银行资本、资产、流动性和清偿力等基本实力的损失，这种类型银行的倒闭是缺乏竞争力和效率的结果。与银行经营与银行管理者能力有关，也存在银行的道德风险问题，银行所有者具有尽量少投入资本的动机，银行所有者和管理者为了获得更高的收益而进行高风险的投资，特别是在银行已经没有清偿力的情况下会拼死一搏。银行管理者还可能存在欺诈行为，通过会计手段来隐藏银行存在问题。

从大量实证研究也证实了银行不良运营导致银行业危机的证据。Lindgren、Garcia 和 Saal（1996）研究显示，各银行的所有者、董事和经营者对银行稳健发展具有重要影响（见表 2-4）。Leipziger（1998）对 1994—1995 年阿根廷银行业危机也显示相似的问题。当时宏观经济基础基本上比较健康，银行监管状况良好，但却发生了银行业危机。这场危机发端于银行体系的一个特殊部分——批发性银行，它们中间有许多银行承担了过度的风险。某些批发性银行以高息吸收存款，再贷款给脆弱的省银行。这些省银行的不良贷款很高，在危机之前比率高达 40%，其中大多数贷款发放给它们所在的省份。存款人很快地发现危险的信号，进而造成资产的迅速转移而发生银行业危机。

表 2-4　　一些国家银行业危机的微观因素

	内部管理的缺陷
巴西（1994— ）	一些没有按照商业机制运营的国有银行管理混乱，情况同样存在于风险分散不足的私人银行，一些银行不能迅速调整适应通货膨胀后的经营环境
芬兰（1991—1994）	银行资本金不足，没有分散风险，发放大量集中的贷款；管理侧重于获得市场份额而不是风险分析；对公司贷款大部分是外币；审计不严密
日本（1992— ）	银行体系的主体造成了有选择的贷款。会计制度和内部控制在一些银行较为薄弱。没有做到分散风险，有问题贷款准备金不足，为追求市场份额迅速扩张
墨西哥（1994— ）	商业银行在组织和建立信息系统以准确评价信贷和其他市场风险、监测和清收贷款方面缺乏经验。未能按照国际标准制定会计规则，贷款集中和贷款给关系人
美国（1980—1992）	幸存银行的管理和内部控制是充分的，但许多失败的银行和储蓄机构在这方面存在不足。储蓄和贷款机构的监管者鼓励作账来掩盖净资产不足的问题，一些储蓄机构的贷款中存在政治干预

资料来源：Lindgren，Garcia 和 Saal（1996）。

Miller（1998）认为造成银行业危机的两个原因是糟糕的宏观经济政策和糟糕的管制。糟糕的宏观经济政策可以表现为不恰当的货币政策或是不明智的汇率政策；糟糕的管制表现为政府采取的政策加剧了道德风险，而当局对银行体系的监督又不得力。他的观点和上述分析是一致的，造成银行业危机的宏观因素可以通过采取适当宏观经济政策避免或是化解。对于微观问题，一种方式可以通过良好的审慎管制，另一种方式就是市场约束。下一节将管制困境进一步进行分析，在本章以后的章节将分析市场约束对银行业稳定的作用。

2.2 银行业管制约束陷入现实困境

20 世纪 80 年代以来，多次严重的银行业危机造成了巨大的管制成本，这种成本包括了解决危机而支付的财政成本①以及管制约束错误设计引起的道德风险和市场扭曲而产生的成本。

Kane（1980）对此提出了一个很有价值的分析方式，称之为管制的辩证法（The Regulatory Dialectic）。凯恩描述了一个在特定经济条件下，受到许多旨在限制获利机会的管制的金融体系，当经济压力使这些管制措施具有约束力时，市场必须设法逃避管制以求得利润，这样就会发生市场与管制的冲突。凯恩和其他学者认为，政府旨在控制金融创新而进行的金融改革会产生任何一种效果：在其他限制依然存在的情况下，强化了对金融体系的压制，或导致市场发动新的创新，这些创新部分抵消了政府管制，随之而来的是更多的政府控制②。

银行放松管制和重新管制是一个不断进行的过程，对照西方发达国家银行管制变革历程，Kane 所说的辩证法提供了一个解析问题的比较全面和清晰的思路。20 世纪 20 年代到 30 年代的银行恐慌以后，美国等国家都相继建立起了针对银行危机的严格管制措施。20 世纪 70 年代以来，随着银行业产品创新和技术创新的不断深入，面对日益加深的管制困境，银行业的很多管制措施已经被取消或修改，管制的理念和目标也在逐步变革。

2.2.1 银行管制依据及其政策变革

1. 管制依据

“市场失灵”是政府采取管制措施的主要理论依据。不同行业的“市场失灵”是由多种不同原因引起的，造成银行业失败的原因主要体现在信息不对称和负外部性。

银行业是信息不对称问题非常明显的行业，信息不对称也是银行业存在

① 这些成本最终将由纳税人承担。

② 关于管制的辩证法的更多分析参阅 Cargill 和 Garcia（1985）。

和发展的重要原因。在银行的中介不存在的情况下，由于交易成本过高和专业知识有限，借款人不能有效了解贷款人的个人信息和监督资金使用情况，很容易出现道德风险和逆向选择问题。道德风险问题同样存在于银行与存款人之间，在银行业竞争激烈和银行经营者高风险偏好的情况下，银行经理人也会过度地将资金用于高风险的领域而导致银行资产损失，甚至是恶意骗取存款人的资金后申请破产逃避债务等。

系统风险的发生所造成的负的溢出效应可以在银行业之间扩散，由于银行之间存在同业借款或是存在债务互换等金融交易，一旦其中一个银行出现问题，银行之间的债务链条就会出现多米诺骨牌效应，使相关的银行的财务状况也会迅速恶化，最终使整个银行业全面瘫痪。系统风险的负的溢出效应也可以波及经济体系中的其他部门，由于银行的倒闭将使存款人的资金遭到损失，企业的生产在没有资金支持的条件下将无法进行再生产，个人的消费也由于存款的损失而无法进行。而企业的破产又会进一步增加企业的不良资产，从而使银行业的损失进一步加剧。

2. 银行业管制政策其变革

20 世纪 70 年代以前，对于限制进入银行业市场和减少价格竞争来保持高的银行特许权价值（Charter Value），来减少银行冒险的动机。20 世纪 70 年代的脱媒（Disintermediation）促使管制者关注银行业竞争力缺失的问题。20 世纪 80 年代，世界上许多国家的银行部门都经历了一个迅速放松管制的过程，银行业管制的范围和方式经历了重大变化，冒险的动机也发生了巨大的变化。无论是发达国家还是发展中国家，都大大地放松了利率、市场准入和金融机构业务等的直接控制限制。

以美国为例，美国近代银行规制制度是根据《1933 年银行法》（《格拉斯—斯蒂格尔法》）确立的，这部法律确定美国金融业严格的分业经营模式，严格管制的长期趋势直到 20 世纪 70 年代晚期才结束。1979 年，存款机构放松管制与货币控制法（DIDMCA）停止了 Q 条例对利率上限的限制，Q 条例最初的动机就是防止银行间“破坏性”竞争和过度冒险。1982 年国会通过的《加恩一圣杰曼存款机构法》允许跨州兼并破产倒闭的银行，从而打破了承袭多年的禁止银行跨州经营的法律限制。后来相继通过了 1988 年的《存款机构法》和1989年的《金融机构改革、复兴和实施法》。美国《金融服务现代化法》于1999年11月4日经美国国会表决通过，《金融服务现代化法》强调“效率与竞争”的新理念，全面废除了主宰美国银行体制多年的《格拉斯—斯蒂格尔法》，准许商业银行、投资银行和保险公司互相进入对方的领域。美国《金融服务现代化法》的颁布，标志着以银行证券业分业经营为特征的专业银行制在美国全面告终。

政府主导的放松管制和自由化，与市场推动的金融创新过程相联系，降低国内和国际新进入者的壁垒，取消利率管制，减少银行业务活动范围的限制。但是，20世纪80年代放松管制也出现了许多不成功的案例，不恰当的自由化的过程导致银行业问题。管制环境变化导致冒险的动机发生了巨大的变化，放松管制增加了银行的竞争，但是降低了银行特许权的价值，更大的冒险行为是可以预见的。同时，银行的规模日益扩大和复杂性日益增加，对银行管制提出了巨大的挑战。

2.2.2 当前发达国家的银行管制约束困境

Bhattacharya，Boot和Thakor（1998）提出五项应对道德风险的措施：①现金—资产准备要求；②风险敏感的资本要求和存款保险费率；③部分存款保险和市场约束；④银行关闭政策；⑤银行特许权价值。这五项措施包含了管制和市场两种方式，完全的放任自由（Laissez - Faire）是一个极端，另一个极端是完全依靠巴塞尔协议的资本规则和管制。虽然可供选择的管制措施是多样的，但是实践证明能够长期有效的方式并不存在。

De Young（2000）提出了一个“管制因果循环模型”（Regulatory Causes和Consequence）（见下图）：①政府通过更早的管制努力来防止传染性银行挤兑，如提供存款保险；②存款保险会产生不利后果，将要倒闭银行使有保险存款人面临道德风险动机，来进行更高风险投资；③针对银行道德风险需要另外的管制，最小股权资本要求；④通过使银行保持大量资本来减少冒险动机；⑤银行可以满足基于风险的资本规则，但是可以通过采取更多信用风险来曲解规则；⑥管制需要修改资本规则；⑦市场参与者能够控制银行冒险，向管制发送重要信号，就能够打破循环和实现激励相容。

上述模型提供了分析管制困境和突破困境的方式，最小资本充足率要求和存款保险是当前管制制度的两大重要组成，都面临着一些政策困境而不能发挥政策设计的理想目的。

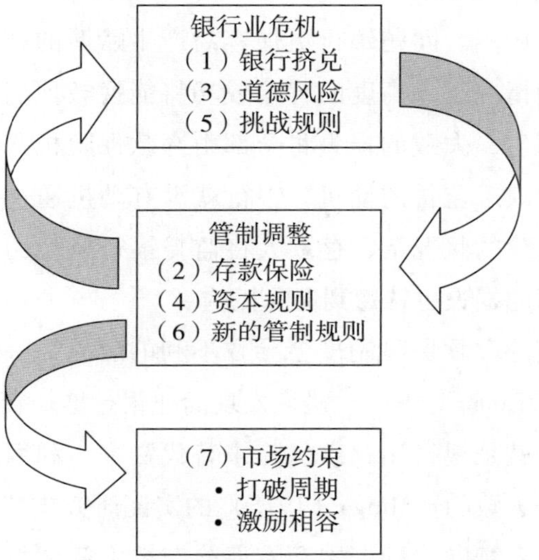

管制因果循环模型

资料来源：根据 De Young（2000）修改。

1. 存款保险制度困境

Demirgüç – Kunt、Karacaovali 和 Laeven（2005）研究显示：2003 年有 88 个国家采取了显性存款保险制度，还有 93 个国家被认为采取隐性存款保险制度。事实上无论官员如何否认，所有国家都提供了隐性存款保险，采取显性存款保险也不能消除隐性担保。

建立存款保险制度存在多个目标，包括维持银行体系和保护小额存款人等。在众多目标中，最为常见的是避免即将来临的系统性危机或是解决已经发生的危机：遗憾的是这个目标不现实。因为要实现这个目标，就要实行存款全额担保，而这一点恰恰与长期保持银行系统稳定所需的激励机制又是相互矛盾的（加西亚，2003）。

存款保险与其他类型的保险一样面临“道德风险”问题，存款保险改变了存款人和银行的激励结构。存款保险与大多数其他保险形式又不大一样，普通的保险仅仅涉及两个当事人：保证人和得到保护的另一方。然而，一份存款保险合约涉及三个当事人：存款保险机构、存款人和存款银行，后两者均从存款保险获得收益（Garcia，1998）。在统一费率的情况下，存在存款保险机构向高风险银行提供补贴，银行倾向于采取更高风险来获得更高利润，而不用承担全部的成本。问题银行更加容易产生赌博的动机，在资本完全耗尽或是成为负值的情况下，高度的冒险成功将能挽救他们的贷款损失，能使他们的银行起死回生，失败的损失将全部由存款保险机构承担。有保险存款人对银行冒险行为缺乏监督的动机，银行就没有动机通过保持充足资本抵御风险。存在存款保险的状况下，存款人将监督银行风险的责任转移到管制机构，而银行将倒闭的损失也转嫁到保险机构。

设计存在缺陷的存款保险制度会导致不利的后果，一些实证研究提供了这方面的证据。Peltzman（1970）研究发现商业银行增加资本投资与存款保险覆盖范围负相关，就是银行用存款保险来替代资本，利用银行资本管制来防止这种替代是部分失败的。Mingo（1975）的实证研究支持 Peltzman 的上述观点，他还发现管制者赞同这种资本和有保险存款之间的权衡，因为有保险存款人占更多的比例会降低了银行挤兑的风险，但银行的冒险也转移到了存款保险公司。Demirgüç – Kunt 和 Detragiache（2002）对 1980—1997 年 61 个国家的研究发现，显性存款保险倾向于增加银行业危机的可能，银行利率放松管制和制度环境差的地方会更严重。存款保险范围越广，对银行稳定造成的不利影响就越大。O'Driscoll（1988）的研究显示造成 1980 年代储蓄贷款行业危机（S&L）的根本原因在于两个方面：①存在存款保险让 S&L 管理者有动机过度冒险；②没有让管理者从过度冒险的不良后果受到惩罚。Scott（1987）和 Barth、Hudson 和 Page（1991）等的研究也显示了相似观点，认为存款保险的错误设计激励 S&L 的管理者采取高风险战略，道德风险引发储贷行业危机。Idanna（1999）对 1997 年亚洲金融危机涉及的印尼、马来西亚、新加坡、韩国和泰国进行研究，发现这些国家的银行制度激励银行利用隐性的政府担保，从而提高了最终银行业危机的成本。Yilmaz（2003）对 1994 年土耳其银行业危机前后银行体系状况进行实证研究，发现银行倒闭与完全的存款保险有很强的相关性，特别是导致小银行的金融比率恶化，道德风险增加了银行体系的脆弱性。

2. 资本充足管制困境

资本要求一直被认为是保持银行体系稳定的最佳管制方式，特别是用于控制存款保险带来的道德风险问题。银行资本越充足，股东在银行倒闭时遭受的损失就越大，承担冒险的成本更高，从而减少了过度冒险的动机。银行资本越充足，能够对损失有更大的缓冲，管理者和管制当局应对问题的时间就更加充分，从而减少银行倒闭的可能，存款保险机构和纳税人承担的损失相应减少。

国际清算银行（BIS）所属的巴塞尔银行监管委员会于1988年公布《关于统一国际银行的资本计算和资本标准的协议》，简称为《巴塞尔资本协议》（Basel I）。最初规定十国集团（G10）采用，随后世界上超过100个国家也相继采用，成为一项世界公认的银行监管准则。

1988年的巴塞尔协议在广泛采用的同时，也暴露出许多严重的政策设计问题：①就信用风险本身而言，协议只考虑了贷款类型，而没有考虑借款者的信用等级，没有考虑不同行业和不同地域的风险差异；②巴塞尔协议建立的风险加权资本标准只是针对信用风险，而没有考虑利率风险、市场风险和操作风险等其他银行基本风险。巴塞尔协议将中央政府发行或者担保的债券的风险权重设定为零，而这些资产明显面临很大的利率风险；③巴塞尔协议计算资本充足率的数据都是采用账面价值，只有市场价值才能体现银行真实的资本状况。

1988年，巴塞尔协议正式开始实施，引起了银行资产组合迅速变化来适应协议，银行通过管制资本套利（Regulatory Capital Arbitrage）来降低资本充足率管制的作用①。银行会选择同一资产分类当中高风险的资产，目的是在同一资本要求的情况下获得更高收益。银行采取金融创新工具和资产证券化的方式来逃避管制，信用风险转化为其他风险来降低对资本充足率的要求。Evanoff和Wall（2001）认为银行越来越有效的进行套利，以至于资本管制对于管制机构不再是系统风险问题，而是越来越成为合规（compliance）的问

① 参见Jones（2000）等。

题。也就是资本充足要求的后果是使银行所考虑的不是如何提高银行安全和稳健，而是如何应对资本充足要求本身。

3. 存款保险条件下资本充足管制产生的道德风险

上述分析可以看出：存款保险和资本充足管制在政策设计上都单独存在着缺陷，对银行管理者的激励可能产生不利的后果。两者的政策搭配也存在不足，资本充足要求不能有效的控制银行的道德风险。

Merton（1977）的研究将存款保险看做为一个银行资产的卖出期权，其执行价格等于银行被保险的债务的价值。在银行丧失清偿力之前，存款保险不会向存款人兑付存款，存款保险公司不会受到损失。期权价格随着银行资产风险增加而增加，随着银行资本率的增加而减少。Marcus（1984）沿着Merton（1977）的思路提出了一个模型：

如果当时银行资产为 A，B 为银行负债。如果 $A>B$，股东可以获得索取权价值为 $A-B+C$，C 为银行特许权价值。但到期期限为 T，银行股权的价值作为资产 A 和负债 B 的函数

$$E(A, B, T)=0 \qquad A<B \qquad (2-1)$$

$$E(A, B, T)=A+C-B \qquad B\leqslant A \qquad (2-2)$$

假设 A 按照下面的扩散过程

$$dA=\alpha A dt+\sigma A dz \qquad (2-3)$$

其中：α 为 A 的瞬时期望增长率；σ 为收益率的瞬时标准差；dz 为一个维纳（Weiner）过程。

当时间为 T 的时候股权持有人可以获得 $\max(0, A-B)+C$，C 在银行有清偿力的情况下才能获得。

$$E=[AN(d_1)-e^{-rt}BN(d_2)]+e^{-rt}CN(d_2) \qquad (2-4)$$

其中，r 为无风险利率；d_1 为 $(\log(A/B)-(r+\sigma^2/2)T)/\sigma\sqrt{T}$；$d_2$ 为 $d_1-\sigma\sqrt{T}$；$N(.)$ 为连续正态分布。

$[AN(d_1)-e^{-rt}BN(d_2)]$ 为银行股权价值，$e^{-rt}CN(d_2)$ 为可能获得的特许权价值。

银行股权的市场增长率为 $\partial E/\partial A$，所有者财富的增长率为 $\partial E/\partial A-1$，

即 $N(d_1)+e^{-rt}CN(d_2)/\mathrm{A}\sigma\sqrt{T}-1$　当 $\mathrm{C}=0$ 的时候为 $N(d_1)-1$，这必然是负的。

A 有一个关键值 A^*，如果 $A<A^*$，降低资本将增加未来的财富；如果 $A^*<A$,通过增加保护特许权能够增加银行价值。当 C 下降的时候，低资本战略更可能被选择。由此可见，存在统一费率的存款保险，银行可以通过降低资本和持有更高风险的资产来从存款保险结构获得更多补贴。

从上述分析可以看出，管制政策在控制银行冒险方面的效果并不明显，反而会造成一些不利的副作用。针对管制困境，一些学者主张通过改革来纠正管制扭曲，特别是造成的银行道德风险问题。以存款保险政策为例，提出采取减少存款保险范围，引入私人存款保险等改进建议。尽管改革能改进局部的管制效果，但是面对相对动态的市场环境和受管制者的逃避，这些改进很快又陷入循环的困境当中，使得新政策效果没有明显的改进。

2.3　本章结论

本章对 20 世纪 80 年代以来的银行业危机的研究显示，宏观和微观经济因素都是导致银行业危机的重要原因，回顾许多危机都会发现银行过度冒险和经营不善导致引发危机的证据。尽管政府致力于通过管制约束来解决这些问题，但是理论实践都证明管制陷入缺乏效率的困境，对市场各方无法形成相容的激励，甚至会进一步激励银行的过度冒险。

正如 Meyer（1999）所述："管制是对市场约束的一种模仿和模拟。" 如果管制政策能够完美的设计，将能够替代市场力量来维护银行问题，但在现实当中完美设计是不可能做到的。很多经济学家和管制者在无法模仿市场约束的情况下，转而考虑恢复和规范市场约束。因此，本书以后的研究将主要关注对银行道德风险的市场约束问题。

3 银行业市场约束基本分析框架

2001 年 3 月 10 日，美联储前主席格林斯潘（Greenspan，2001）在芝加哥举行的第 37 届“银行业结构与竞争”年会讲话指出：在启用金融安全网以前，对银行业的真正约束来自市场，促进私人交易对方约束是维护安全稳健的银行业体系的第一道防线。没有保险的交易对手必须对过度冒险的银行提出更高的价格，或者简单的做法就是不与他们进行交易。

格林斯潘将“市场约束”作为第一道防线，无疑是强调了市场的潜在的巨大作用。但是“提出更高价格”和“不进行交易”只能算是银行业市场约束的方式，许多相关的细节问题还并不明确，亟待进一步的解析和阐释，以便于认识和发挥市场约束的巨大潜力。本章的目的就是探寻尚在黑箱中的银行业自我稳定机制，发现市场约束有效所需要的条件，提出改进市场约束与其他形式的约束的相互关系。

3.1 银行业市场约束基本问题解析

每当提到市场，人们都会说那是一只“看不见的手”，往往认为市场能够发挥的作用都应该算是“市场约束”。对于从字面上并不明显的论题，针对一些基本问题进行解析是全面系统研究的重要基础。

3.1.1 银行业市场约束概念解析

从银行业的发展历程来看，“市场约束”（Market Discipline）并不是一个新的概念，最早可以追溯到苏格兰（1695—1845）和美国（1837—1863）的自由银行时期。这一时期，假设具有充分信息的理性的存款人投资于安全的银行，不安全的银行就会倒闭（Leathers 和 Raines，2000）。近年来，市场约束再次成为银行管制理论与实践研究的热点，虽然市场约束是与银行管制问题相联系的一个广泛应用的词汇，但是一直没有准确定义，对“市场约束”的认识上还存在重大差异，需要进一步明确的解析。

巴塞尔银行监管委员会于 1998 年开始全面修改资本协议，十国集团国家在 2006 年开始实施《新巴塞尔协议》（Basel Ⅱ），新协议提出了以“最小资本要求”、“监管当局的监督检查”和“市场约束”作为新的银行业监管框架的三大支柱（Three Pillars）。BIS（2004）指出：“第三支柱——市场约束的目的，主要是对最低充足资本（第一支柱）和监督检查（第二支柱）的补充，在于发展出一套信息披露规定，使市场参与者能评估资本、风险暴露、风险评估程序，以及金融机构资本充足率等重要信息”。新巴塞尔协议实际上仅强调了公开披露（提高透明度）的重要性和提出相应的原则、方法和范围，而这只是市场约束的一个侧面。透明度只是有效市场约束的必要条件，而不是充分条件。Flannery（2002）认为：Basel Ⅱ第三支柱的一个更加恰当的名字应该是“强制披露”（Mandatory Disclosure），而不是“市场约束”。巴塞尔委员会对透明度问题的单独关注，使得市场约束的概念变得非常片面。很显然，这是从巴塞尔委员会自身的视角出发，更加强调“信息披露”对“最小资本要求”和“监管当局的监督检查”的补充，而不是将市场约束作为一个独立的问题来进行阐释。

Berger（1991）和 Lane（1993）普遍被认为是银行业市场约束研究两篇奠基性的文章。Berger（1991）认为：“银行业市场约束是私人部门的行为人（Agent）吸收银行增加风险所带来的成本，并根据这些成本做出反应的一种状态。”这些反应的形式包括明确的价格决策，如无保险的存款人向风险更高的银行索要更高的利率；还包括放弃商业机会，如拒绝购买高风险银行的证券化贷款。Lane（1993）将市场约束描述为：“金融市场提供信号来引导借款（即银行）行为与他们的清偿力一致。”

Berger 等人对市场约束的定义显然只是描述性的，没有揭示市场约束的根本属性。市场约束的理念实际可以由通常的委托—代理理论来构建，市场约束可以被看做是一种外部治理（External Governance），用来解释代理人

（银行经理层和多数票的股东）和委托人（存款人等）直接的利益冲突。委托人希望确保代理人保护他们的资产。因此，银行业市场约束定义为市场参与者（存款人、债券持有人等）通过价格（如利率）和数量（债券持有量）对银行道德风险行为做出惩罚，促使银行的行为与市场参与者的利益相一致的一种基于市场的（Market - Based）外部治理机制。

3.1.2 市场参与者的构成

Williamson（1984）提出了一个针对一般公司治理的契约框架，企业具有索取权的各方包括了劳动者、所有者、供应商、客户和社区等众多群体。他同时指出了资金的供给者与企业存在着独特的关系，就是他们对企业的投资冒着潜在风险（At Hazard），而其他生产性原材料（设备、人力资源）仍然由供给者占有。银行这样具有高的债务—股权比例的企业的债权人，会像股权人那样更加关心企业运营决策和战略。

Bliss（2004）对于银行业市场约束的参与者及其直接的关系进行了探讨，认为除了委托代理问题通常涉及管理者、股权人和债权人，还应该包括管制者和金融衍生品市场交易对方。他认为讨论银行业的市场约束不能忽略管制者，在没有理解管制者如何扭曲激励机制的情况下，对于无管制企业的市场约束的认识无法转换到被管制的银行。Bliss（2004）提到管理者是从劳动力市场约束出发，探讨经理人市场对企业的约束。

Llewellyn（2003b）提出了“利益相关的监督者”（Stakeholder Monitors, SHMs）的概念，Llewellyn（2005）对这一概念进行了进一步的阐释，认为利益相关监督者是那些有利益存在于监督过程和结果中的所有代理人，包括管制机构、评级机构、存款人，次级债的持有人、持股人、市场中的其他银行和基金管理者。这些人与银行成败有某些利害关系，参与观察银行行为的过程并且根据观察的行为形成判断。

与企业运行相关的各方复杂多样，通过上述研究逐步厘清的银行业市场约束所有研究的主要参与者。Williamson（1984）提出资金供给者的特殊性质，Bliss（2004）则强调了管制者的作用，Llewellyn（2003b）更加全面地提出市场参与者的构成。因此，在委托—代理的框架下的银行业市场约束的参与者包括：代理人是银行的管理者和董事会，把他们看成是对银行具有最终决策权的一个整体；委托人则是 Llewellyn（2003b）所说的一个利益相关的监督者群体，其中重点探讨存款人、债券持有人和持股人和管制者的作用，这是由银行的高杠杆比例和受到管制的特点决定。与管制者相对应，存款人、债券持有人和持股人等可以被称为私人市场参与者。

3.1.3 银行业市场约束研究的基本前提假设

在解释银行业市场约束问题时，三个基本的假设构成研究的前提：银行决策者（董事和管理者）道德风险、银行管制存在缺陷和市场参与者的不完全信息。它们之间并不是相互排斥和相互独立的，而是相互联系并共同起作用。

第一，银行决策者的道德风险。决策者的过度冒险是导致银行倒闭和银行业危机的重要原因，这一假设在多次银行业危机中都得到了印证。决策者和市场参与者之间在经营目标上存在分歧，对风险暴露程度和获得收益的方式存在差异。因此，银行决策者往往试图通过侵害市场参与者利益的方式来使自己的利益最大化，这也使市场参与者有必要来约束银行。

第二，银行管制存在缺陷。管制约束是目前维护银行业健康、稳定的首要的外部力量，但是银行管制造成的管制扭曲也不可忽视。与自由银行时期的市场约束不同，目前的市场约束是银行业受到管制条件下的市场约束，管制约束与市场约束之间存在相互的替代和互补。因此，由于银行管制缺陷的存在，有必要进一步发挥市场约束的作用来补充管制约束，以及如何改革银行管制来更大限度地发挥市场约束。

上述两项在第一章都进行了探讨，下面一项需要进一步说明。

第三，市场参与者的不完全信息。市场参与者对市场的变化并不能做出完全准确的判断，由此做出的反应也并非一定是最优的策略。因此，有必要探讨市场约束的有效性和如何充分发挥市场约束机制作用。

Diamond 和 Dybvig（1983）对于银行挤兑进行了奠基性研究，认为挤兑是纯粹的投机性质自我实现过程，是存款人之间完全不能预料到选择所产生的“太阳黑子”（Sunspot）现象，存款提取没有考虑银行资产质量和清偿力。

随后的一些研究在上述模型基础上引入了私人信息和银行异质性等条件，从而理论更加接近现实。Jacklin 和 Bhattacharya（1988）认为挤兑是存款者对关于银行资产状况负面信息进行的理性反应，提出基于信息（Information - based）的挤兑模型的特点是双边（Two - Sided）非对称信息，即银行不能观察到存款人真实的流动性需求，而存款人对银行资产的质量有非对称信息。Saunders 和 Wilson（1996）区分了两种不同的情况：纯传染型挤兑，存在拥有信息（Informed）的混合型挤兑。在“纯”传染情况下，存款人不具有任何信息，对所有银行不加区分都提取存款，不论具有清偿能力还是不具有清偿能力的银行；在混合型的例子中，那些在将要倒闭的银行存款的存款者，拥有信息但是不完全，能够在倒闭之前将存款提取，所以从将要倒闭的银行提款的比率要高于其他银行。Kaufman（1996）对以往的研究进行了全面回顾，理论和实证两方面的证据都支持银行挤兑原因是企业专有和理性的。因此，Saunders 和 Wilson（1996）提出的混合型更加符合现实，也就是本文所说的参与者不完全信息假设。

3.1.4 银行业市场约束的潜在积极作用

Berger（1991）提出六项市场约束的积极作用，总结得非常全面具体。Kaufman（1998）、Evanoff 和 wall（2001）等一些研究也提出了类似的看法，本书在这些研究基础上归纳了提高市场约束五项明显积极的作用。

第一，促进市场约束有利于形成激励相容的风险控制机制。银行的投资组合决定银行的风险和赢利状况，银行资本充足状况决定了抵抗风险的能力。市场参与者根据自身风险偏好和对银行风险状况判断，来选择向银行提供资金的数量、价格和方式。反过来，银行则会根据可以获得资金的成本与收益比较，选择保持资本充足水平和资产组合的风险状况。由于双方的目标一致，收益成本都能够内部化。因此，可以形成激励相容的风险控制机制，有效控制银行的道德风险，保持合理适度的资本充足水平。

第二，促进市场约束有利于改善资源的配置效率。没有其他因素影响激励的情况下，市场参与者选择银行的标准是基本实力，资金会向安全、高效的银行转移，低效率的银行将必须以更高成本获得资金，状况恶化到无法获得资金就会被淘汰出市场；市场参与者还会在银行、证券市场和共同基金等不同金融中介之间进行选择，将资金提供给最有效率的渠道；面临市场约束，银行有动机将资产组合选择有效率的部门，保证银行在适度风险前提下有更高的赢利，保持银行有较好基本实力。

第三，促进市场约束有利于减少倒闭损失和损失外在性。市场约束可以控制银行冒险，从而减少银行倒闭可能的损失。另外，银行倒闭的损失可以改变利益相关各方承担损失的结构。加强市场约束使参与交易的各方更多地承受损失，如强制次级债政策和减少存款保险范围可以让次级债持有人和无保险存款人承受更多损失。而存款保险机构和纳税人的损失减少，纳税人并不是市场交易的参与者。因此，加强市场约束减少了银行倒闭的外在性，减少了由此引起的道德风险问题。

第四，促进市场约束有利于改进管制约束。高质量的市场信号能够有效反应银行风险变化，管制过程中融入市场信号可以更加及时、准确的发现银行出现的问题，同时还可以作为保险存款定价、资本充足要求和及时校正措施的指标。

第五，促进市场约束有利于约束管制者。银行管制政策的制定和执行都由管制者来确定，市场参与者要求管制者按照他们的利益而不是管制者私人利益来进行管制，从而限制管制者管制宽容和随意性，减少管制者寻租行为和受到其他利益相关者的影响，使管制目标不能偏离控制银行风险。

3.2　市场约束的机制及实现条件

市场主体之间的相互作用是一个动态的博弈过程，受到内外部多种因素的影响和制约。本节将市场约束的复杂过程简要和直观展示，明晰机制方式和进程，分析影响机制有效运行的影响因素。

3.2.1　市场约束机制的方式

市场约束机制涉及多个参与主体，经历多重传导才能最终发挥作用，整个机制根据不同标准可以划分成不同方式。

1. **监督与影响**

Bliss 和 Flannery（2001）认为市场约束由两个阶段构成，分别称为市场监督（Market Monitoring）和市场影响（Market Influence）。监督是指假设投资者能够准确认识企业状况的变化，并能迅速将这些评估用于确定企业的证券价格，监督对可能做出的反应的经理层发出市场信号①。影响是指证券价格变化等惩罚措施导致企业（经理层）做出反应来扭转企业不利状况的过程。"市场监督"和"市场影响"的区分澄清了银行管制中"市场约束"的潜在作用。投资者可能在监督上有比较优势，而管制者在影响上有比较优势。类似的 Flannery 和 Sorescu（1996）、Kurt 和 Gary（2007）等将市场约束分为识别（Recognition）和控制（Control）两个阶段，这两种表述的内容是基本一致的。

这两个阶段不是相互独立的过程，而是一个相互区别又紧密联系的有机整体。这样划分的特点是突出了整个过程的层级性，同时又体现了参与各方的互动。

2. **直接与间接**

Kwast 等（1999）提出了直接市场约束（Direct Market Discipline）和间接市场约束（Indirect Market Discipline）的划分。直接市场约束是指当银行风险状况增加的时候，通过对风险敏感的债务工具发行成本施加约束。间接市场约束是指当私人市场参与者和政府管制者通过对二级市场信息来帮助确定风险暴露，然后通过风险敏感工具施加的约束。

Bliss（2004）认为市场影响可以直接来自私人市场参与者，称为直接约束；或者可以来自其他方面，如管制者使用市场监督提供的信息来影响管理者决策，称为间接约束。

Rochet（2004）提出直接市场约束的目的是使市场投资者影响银行管理者的行为，起到审慎管制的替代作用；间接市场约束的目的是使市场参与者监督银行管理者的行为，起到审慎管制的补充作用。间接市场约束的理念是

① Goodhart et al.（1998）对管制（Regulation）和监督（Monitoring）进行了区分，认为 Regulation 是特定行为规则的建立，Monitoring 是指观察这些规则是否遵守。这些学者所做的区分是从政府管制的角度，从市场角度来看也是成立的，Monitoring 就是市场参与者观察银行是否违反他们自我对市场判断的原则。

市场提供新的、客观的信息，可以用于管制者改进他们对银行的管制，但是仍然需要采用及时校正措施来限制管制宽容。

Hamalainen（2006）在直接和间接约束的基础上提出半直接（semi - direct）约束。直接约束包括那些直接参与银行资本工具的一级市场的投资者，投资者的行动改变银行风险状况将通过他们与相关银行的融资谈判发出一个反应信号。在一级市场中发信号和行动同时发生，并且由相同的市场参与者实施。半直接约束包括现有银行索偿权人（无论是股票、债券和存款）的直接影响。投资者通过改变证券价格或是销售他们的投资来发信号。由于他们是现有的银行债务持有者，他们影响管理的能力与一级市场的投资者具有背景上的差异。其他利益方发现来自直接或间接的投资者风险信号，对银行采取的约束行动是间接市场约束。这个必须明确并不限制于管制机构，而是还包括其他银行债务持有人。

从上面可以看出，直接约束和间接约束虽然被广泛使用，但是具体要表达的内容却不一致。各方存在着一定的共识：金融工具的持有者在一级市场对银行的约束是一种直接约束，这个过程的市场监督和市场影响都是由一个市场参与者来完成；管制者利用市场信号来对银行进行约束是间接约束，市场约束是由管制当局来完成。各方的分歧在于直接与间接的转折点由什么标准来确定，Kwast 等（1999）和 Hamalainen（2006）是从监督和影响是否由同一参与者进行的角度划分，而 Bliss（2004）和 Rochet（2004）则是从市场影响是由市场力量还是管制力量这一角度进行划分。本文更倾向于 Bliss（2004）和 Rochet（2004）的标准，因为虽然市场监督和市场影响不是由同一参与者进行，但是他们都是同一类型的参与者，市场约束机制与同一个人执行没有差别，都是市场约束发挥作用。而管制和市场约束是不同的，影响的过程由管制力量来进行，说明市场力量不是直接而是间接发挥作用。

3.2.2 市场约束机制的实现进程

市场参与者约束银行的动机是控制银行风险，银行的过度冒险是引起约束行为的原因，银行纠正冒险决策是约束的最终目的，整个进程就是在这个因果关系之间展开（见图 3 - 1）。

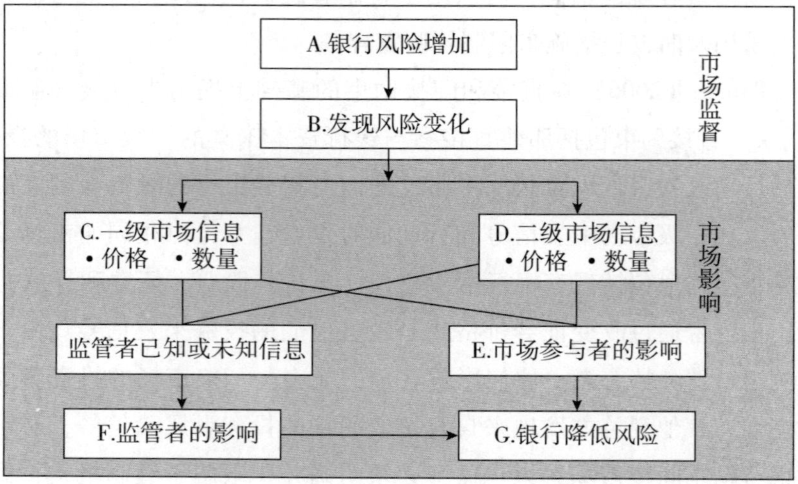

图 3－1　市场约束机制的实现进程

资料来源：参考 Flannery（2001），Kurt 和 Gary（2007）。

A. 银行风险改变状况：可能是由于银行管理者的道德风险导致了过度冒险，或是银行缺乏竞争力而导致了银行基本实力下降，银行倒闭将造成市场参与者面临风险。

B. 发现银行状况改变：银行状况的变化会形成相关的信息，如银行资产、资本、流动性等财务信息，这些信息可能是银行主动披露，也可能是消息灵通和专业知识丰富的市场参与者根据银行的行为变化来获得，这些市场参与者包括了金融工具持有者，也包括信用评级机构和分析咨询机构。

C. 一级市场参与者做出反应：认识到面临风险以后，一级市场参与者会通过行动来避免遭受损失，激励银行按照他们的意愿改进银行状况。一种方式是通过价格的方式来向银行索要风险溢价，可以表示为 $Spread_i = f\ (Risk_i, X)$，其中 *Spread* 表示利差（风险溢价），*Risk* 表示银行风险状况，*X* 表示除了风险以外的对利差的影响因素。另一种方式是采用数量方式来减少持有风险银行的金融工具，可以表示为 $Uninsured_i = f\ (Risk_i, X)$，*Uninsured* 表示无保险索偿权的数量，*Risk* 表示银行风险状况，*X* 表示除了风险以外的对无保险索偿权的数量的影响因素。一级市场能够直接影响银行的融资能力，能够产生对银行风险状况的直接控制。

D. 二级市场参与者做出反应：银行风险状况改变也能够造成二级市场参与者收益的变化，二级市场参与者应对风险的行动也是价格和数量两种方式。二级市场不能直接影响作为发行者的银行的融资能力，但是二级市场能够起到市场参与者对银行风险判断的晴雨表的作用。

E. 其他投资者的影响：一些市场参与者虽然没有观察到银行风险状况的变化，但是他们从一级市场、二级市场或是信用评级机构获得信号，从而采取行动来控制银行风险。

F. 管制者的影响：市场参与者传递出关于银行风险状况变化的信息，这些信息可能是管制者已经掌握的，也可能是管制者不知道的新信息。这些信息可以帮助管制者发现银行存在的问题或是纠正对问题的看法，从而采取措施来及时解决问题。

从图 3－1 可以看出，A + B 为市场监督过程，其余的过程为市场影响过程。C + E + G 为直接市场约束，$\left.\begin{matrix}C\\D\end{matrix}\right\}$+ F + G 为间接市场约束。其中，信用评级机构等只参与了市场监督过程，如 B→E，有些市场参与者只参加了市场影响的过程，如 E→G。

3.2.3　市场约束机制有效运行的条件

像其他产业一样，银行业的市场约束是存在于银行业体系中内生的自我稳定机制，市场力量一直根植于市场之中。虽然普遍认识到市场约束的潜在巨大作用，而目前市场约束在实践中的作用并不显著，原因在于一些条件没有满足，甚至是存在一些阻碍因素。早期 Berger（1991）、Mantripragada（1992）、Lane（1993）以及近期 Llewellyn（2005）等对市场约束的条件都进行了研究，本书在已有研究的基础上进一步总结和拓展，认为主要有以下影响市场约束机制运行及其效果的条件。

第一，充分的信息。有效的市场监督需要市场参与者准确、及时的识别银行风险状况的变化，这就要求银行的相关信息能够及时、准确和持续的获得。包括用于了解银行的资本结构、风险暴露、风险评估过程，从而获得资本充足性等重要信息。可能是银行主动向市场参与者传递信号来证明良好的状况，也可能是强制的公开信息披露。便于银行客户、企业及公众对银行经营的健全性更充分了解，从而能够对银行做出比较和选择。银行对市场约束的反应的信息也非常重要，如果市场参与者没有及时、准确地发现银行做出的反应，可能采取过度的惩罚措施给银行造成损害。

第二，合格的市场参与者。市场参与者是市场约束的主体，市场信息的接受和发送，金融工具的选择和风险溢价的确定等都是由市场参与者来确定。因此，市场参与者的决策直接影响约束的效果，错误的决策或是约束力量不足都不能有效控制银行冒险。合格的市场参与者包括质量和数量两方面的要求，质量要求是确保参与者的决策正确，数量要求是确保充分信息来源和惩罚力度。对于参与者的质量，合格的参与者应该具有灵通的信息来源、良好专业的知识经验，最基本的要求是市场约束的收益要高于成本，这样才能有动机准确和理性面对市场变化。对于参与者数量，就是 Llewellyn（2005）所说的利益相关者集团必须有足够的规模，这样能够对银行的冒险行为充分的反应和足够的惩罚，使银行过度冒险的成本要大于收益，才能达到约束银行的目的。

第三，高效的金融市场和种类齐全的金融工具。金融工具是市场力量发挥作用的载体，金融市场是金融工具交易的场所。市场约束需要通过金融工具的价格和数量变化来影响银行行为，这就要求金融工具价格和数量能够被市场参与者便利、自由和高频率地识别和获取，金融工具的价格和数量变化能够有效地融入风险因素。不同金融工具的索偿权、到期期限等的不同，对持有者的激励也有不同。金融市场效率则对金融工具的定价至关重要，其他影响因素产生的噪声可能严重影响风险溢价的确定，市场信号没有为管制者提供有价值的参考信息。

第四，银行违约对市场参与者带来的后果。市场参与者的决策根本上是有采取市场约束的成本和收益确定，成本包括了信息收集等直接成本和执行市场约束所带来的机会成本等，如果损失不足以弥补风险溢价的收益，参与者就没有动机来约束银行行为。银行风险的变化并不意味着市场参与者面临相应的风险暴露，在显性或是隐性存款保险存在的情况下，有保险的存款人甚至是无保险的其他债权人和股权人的损失可能受到补偿，许多国家管制宽容和政策预期都会导致市场参与者没有动机约束银行。

第五，银行对市场信号做出反应。市场监督过程由市场参与者来主导，而市场影响的效果则是由银行和市场参与者共同决定，银行对市场信号的反应决定了市场约束的最终效果。银行决策不是由融资成本一方面确定，而是由边际成本和收益的比较决定，银行面临更高融资成本所采取对策可能是选择带来更高收益的高风险项目，而不是选择降低风险。股东对银行倒闭所承担的责任是影响市场的重要因素，当前普遍采取的有限责任使得股东仅对投资负责，而历史上苏格兰银行业出现的无限责任和美国出现的双倍责任则增加了对银行遵守市场约束的激励。银行的公司治理也影响对市场信息的反应，银行决策者目标偏离了企业利润最大化，而是为了私人的利益而过度冒险，或是存在关联交易等侵害小股东和债权人利益的动机，这些都会导致银行不会在意市场的惩罚。

3.3 市场约束与其他约束的比较

造成银行业危机的原因是多维的，所以有效的管制制度原则需要融入更广泛的问题，而不是只是对银行行为的外部规则。相应的避免未来出现银行业危机的策略也是多维的，包括宏观经济政策、行为的管制与监督、创造合适的激励结构、市场约束的发展、金融机构的内部治理与管理（Llewellyn, 2000）。这些约束由于主体、作用机制和目标存在诸多差异，所发挥的作用也不同。从微观角度来看，内部治理、管制约束与市场约束的关系更加密切，在这一节主要对这些约束方式进行比较，总结出相互的联系与区别。

3.3.1 内部治理与市场约束之间的联系

Nickerson 和 Phillips（2003）将治理（Governance）定义为通过执行交易来进行制度设计的经济学领域。管制的经济理论是治理的一个子领域，通常是政府通过检查来影响私人市场参与者的激励。按照 Nickerson 和 Phillips（2003）的思路，可以看出银行内部治理（Internal Governance）、市场约束和管制约束是整个治理体系的一个子系统（见图 3 - 2），而市场约束和管制约束是一种外部治理机制。

1. **银行的内部治理**

目前，多数银行和其他企业一样是以股份有限公司存在，所有权和控制权的分离导致银行董事会与管理者之间的委托——代理问题。银行的股东是所有者，他们有动机保持银行股东利益最大化，防止银行出现问题甚至是倒闭。为了达到这些目的，会利用内部控制措施来激励企业管理者的行为，如内部审计或是撤换管理者。同时，管理者必须通过有效的内部组织和规则管理银行，保证银行实现利润最大化和避免内部出现违规事件。Garcia 和 Saal（1996）认为银行内部治理有一些产生问题的根源，如银行的所有权结构、董事会之间关系和内部控制体系。其中贷款的评估是关键，因为贷款损失仍然是造成银行倒闭最重要原因。

所有权结构方面主要着眼于不同所有者动机的类型，研究股东的目标是否与企业利润最大化一致，讨论的焦点在于政府所有权和内部关联交易问题。

波塔、西拉内斯和施莱弗（2003）收集了世界各地银行的所有权的资料，显示政府对银行的所有权大量而普遍的存在。1970 年 10 家最大银行的 59% 的股权为政府所拥有，而 1995 年仍有 42% 的股权是国有。普遍认为政府对银行的所有权使银行出现目标转向，由于政治家与企业家的偏好和目标存在差异，政治家更加重视资本积累和提高就业等宏观经济目标。政治家可能将银行当做准财政（Quasi - Fiscal）来使用，为了社会目的而给特定的企业或是产业贷款（Garcia，Saal，1996）。

虽然上面的分析显示了政府对银行所有权的不利影响，但是这种安排的理由是防止私人所有权造成内部关联交易问题。存在银企交叉持股或是银行决策者有密切的联系的工商企业，决策者可能会将银行的资产转移给关联企业，从而实现个人的利益最大化。当私人所有者对他拥有的银行抱有掠取的动机时，内部治理不足以保证这些银行的稳健性（Lindgren，Garcia，Saal，1996）。

由于银行资金往来频繁和面临高风险，内部控制体系也是内部治理的重要组成部分。BIS（1998）提出了银行内部控制失效的五种情况：①缺乏充分的管理监督，在银行内部不能有效形成强的控制文化；②不能充分识别和评估银行特定行为的风险；③缺乏或没有关键的控制结构和行动；④银行管理

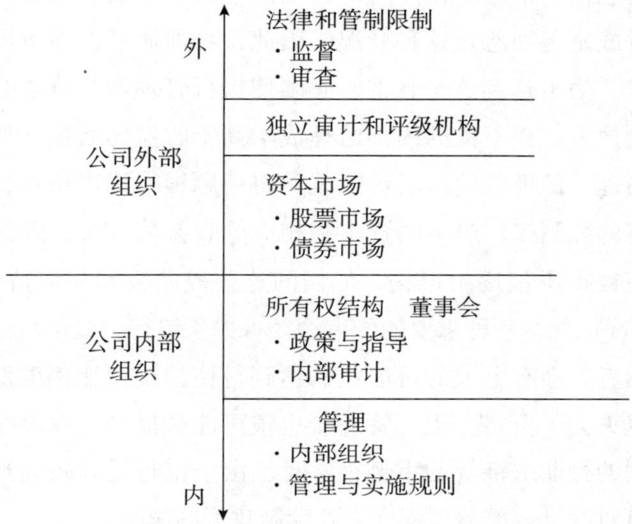

图 3－2 银行治理体系

资料来源：参考 Smith，Jr.（2004）和米科达西（2004）。

层的信息沟通不充分；⑤不充分或是无效的审计监督程序。因此，为了形成良好的内部控制系统，银行必须制定严密的管理和实施规则，对银行风险和授信等程序必须严格、科学，避免在业务实际操作中发生疏漏。同时，良好的内部会计和审计监督也是重要保证。

2. 内部治理与市场约束之间的联系

在银行治理体系当中，内部治理与市场约束是内外顺次连接的，在控制银行风险方面相互补充，相互促进。

第一，市场约束必须通过内部治理才能最终发挥作用。因为银行的决策最终才能决定银行的行为和资产组合的风险暴露，内部治理最终决定银行倒闭的可能性。虽然市场参与者采取了充分、有效的市场监督，但是市场影响的效果需要有效的公司治理才能最终实现。从市场影响阶段来看，良好公司治理环境也应该确保银行管理决策者受到有效的激励，促使他们履行金融合约并能为完善银行管理而努力。当银行内部治理出现混乱，银行对市场参与者的惩罚可能变得不敏感，借助内部人的优势来掩盖问题躲避惩罚。

第二，加强市场约束有利于改进内部治理。如果市场参与者不对银行的道德风险进行惩罚，银行不良的内部机制产生的后果就是没有成本的，银行有动机不改进或是更加恶化这种状况。因此，必须通过加强市场约束来促进内部治理改进。为了达到这个目的，必须使银行管理者、董事会成员等决策者受到足够的损失，在不良的内部治理成本高于收益的时候，他们就有动机来改进内部治理。最极端的市场约束就是将问题银行逐出市场，银行的决策者会失去现有的控制权，股东的资本和相应的收益权以及管理的薪酬待遇都将失去。即使银行不被逐出市场，他们的这些控制权和相应待遇可能丧失。接管（Turnover）就是一种重要的约束途径，如果银行二级市场的股票价格下降，市场参与者就会有更大的可能收购达到行使控制权比例的股份，原有的董事会成员就失去了资格，银行管理者也很可能被撤换。在股权开放的情况下，没有管制的行业中接管的事例很常见。由于银行受到较为严格的管制影响，市场约束对改进内部治理程度受到管制政策的影响。

3.3.2 市场约束相对管制约束的优势

管制约束与市场约束都是银行外部约束，两者关系是相互替代又相互联系。市场约束是伴随交易而产生的天然的约束机制，管制政策的运用是为了弥补市场约束的失灵而“人造”的约束机制。两种约束的联系始终贯穿论文，在各章节中都有详细论述。虽然两者在职能定位上基本一致，但是两者存在一些明显区别，以下将讨论市场约束相对管制约束的优势。

第一，约束的动机。存款人和债券持有人等市场参与者与银行是金融合约的交易双方，银行违约风险直接影响这些市场参与者的收益。市场参与者的资金直接面临风险，利益与银行的经营绩效直接相关，有更高的积极性来约束银行的行为。市场参与者与银行的交易完全出于融资的动机，不存在其他偏离保护自己投资这一方向的动机，是否控制银行风险是测度是否达到约束目标的唯一标准。因此，这些市场参与者有充分的动机去获取信息，并及时作出反应来最大程度地控制银行冒险。

管制者不是市场交易的直接参与者，他们与金融合约是否执行或是什么程度上的执行没有直接的联系。管制者目标不局限于它在某一特定市场参与者的利益，他们是议会和纳税人的代理人，更加关注社会整体利益，甚至是利益集团的私人利益（Stigler，1971），管制约束可能更多受到政治因素和管制者自身的因素影响，被管制机构或产业对管制者的政治俘获可能对监管的效果和管制过程大打折扣。

第二，约束的方式。市场约束是一个动态的过程，市场参与者可以根据自己掌握的信息，根据银行风险的特点和个人风险偏好制定相应的合约。金融合约直接显示了利率等价格因素与银行风险的关系，风险与收益存在直接紧密联系，在合约制定的阶段就已经使风险与潜在的损失内部化。影响银行风险的方式可以非常细微，市场参与者可以改变支付利率很小的基点，也可以减少在债券等金融合约中加入个性化的限制条件。这种灵活的方式使市场参与者和银行在选择风险和收益时都面临一个连续的函数，任何一方的变化都会引起对方相应的对策。

相比之下，管制约束是一个静态过程，基于规则的管制体系具有不灵活的缺点。在银行风险变化而没有达到违反规则的时候，管制约束无法发挥作用。由于规则无法准确模拟每一笔金融交易，规则与银行实际风险行为不充分相关（Berger，1991）。管制机构很难“良好的确定”（fine tune）成本和对银行增加风险作出处罚（Lang，Robertson，2002）。另外，由于管制规则往往缺乏普遍适用性，可能针对大型银行的规则不适应中小银行的情况，针对发达国家或地区的规则不适应发展中国家和地区。

第三，约束的效率。市场中具有大量专业知识丰富的参与者，也可以说是更多的眼睛在注视着问题。他们直接参与市场交易，能够更直接地获得市场信息和把握市场的发展状况。市场参与者数量众多和直接参与交易使得约束具有及时性，这就使银行冒险行为能够得到及时发现和受到制止。市场参与者做出的反应通常都带有前瞻性，市场参与者通常根据银行未来风险走势预测从前的风险偏好，将所有的风险溢价加入到新的金融合约之中，从而迫使银行决策者事先采取措施来与市场利益保持一致，也就是事前约束（Ex Ante Discipline）。市场参与者在采取行动之前，能够参考银行和自身根据风险偏好、约束成本和金融工具的类型。依靠市场的活跃创新能力，市场参与者可以创造新的金融工具和合约形式，从而使市场约束具有准确性。

相比较，管制者由于管制资源和管制程序的限制而缺乏效率。虽然各国的管制机构集中了本国众多经济学家和专业人士，但是面对庞大的市场和复杂的银行机构，无论在数量和相关成本方面都面临很大压力。由于不直接参与市场交易，对银行的现场检查和非现场检查时间间隔较长，造成获得信息间接而且滞后。管制规则更多是在事中或者事后才能发挥作用，造成的损失可能无法挽回，管制约束的效果可能缺乏效率。

3.4 本章结论

市场约束在保持金融稳定方面起到越来越重要的作用，这种作用更多的细节、优势与劣势、得出政策的经验教训等都需要进一步深入研究。同时，在官方和市场约束之间找到合适的权衡，需要对市场力量的有效性和金融稳定的潜在过程有个深刻的认识（Crockett，2002）。

本章将“市场约束”从一种理念（Conception）转变为一个明确的研究框架，将研究主题进一步细化和系统化。对将市场约束定义为给予市场的外部治理机制，提出银行道德风险、管制存在缺陷和市场参与者信息不完全三项研究前提假设，归纳出激励相容的控制银行风险等五项积极作用。市场约束概念、前提和作用进行细致和科学的阐释，开宗明义的提出了研究主题。市场约束过程中“直接与间接”和“监督与影响“的划分明确了市场参与者在不同阶段的相应作用，完成相应的反应需要存在充分信息实现条件，约束机制过程及其实现条件探究，提出了论证问题的脉络和思路。市场约束与其他约束机制的区分澄清了研究范围和边界，突出了相互之间联系和市场约束的优势。本章作为研究框架是对研究总体的引领，从而为进一步研究提供整体的论纲。

4 私人市场参与者的市场约束

在银行业发展的早期，银行业务是简单吸收存款和发放贷款。存款人应该是最原始的市场参与者，银行发展早期就是依靠存款人和银行之间内在的自我稳定机制来控制银行冒险。由于货币发行的垄断和银行业危机不断爆发，不足以维持银行业的长期稳定，银行业管制才成为维护银行稳定的主导力量。

随着银行业和其他金融中介的发展，金融创新引起金融工具多样化和金融合约复杂化，银行的股权和债权结构也呈现多元化和多层次。在第 3 章对市场参与者的构成进行了分析，本章将选择市场参与者作为主线，来研究不同约束主体的特定约束机制。许多观察家认为银行改革应该鼓励银行业的市场约束，但是一直也存在争论，这场争论的一个中心问题就是谁应该提供这些约束。由于不同市场参与者相应激励结构也不同，激励结构决定采取的约束方式和程度，私人市场参与者是与管制者相对应，第 5 章将对管制者在市场机制中的作用进行研究。

4.1 存款人约束

存款人约束通常表现为向高风险银行索要风险溢价或是提取存款，从而提高银行融资成本甚至使银行无法获得资金。这样一来，银行即使有新的贷款的资金投向，但是可能受到成本或是资金数量的限制而放弃机会。面对市场约束，银行改正措施包括减少风险暴露或是保持高水平的资本的充足。

第 2 章对银行存款保险研究已经指出，目前世界各国普遍采取存款保险制度，存款人也出现了有保险和无保险的区分，相应的激励结构也有明显差异。本节将在存款保险的框架下对银行业的存款人约束进行研究，考察存款人是否适合和如何更好地提供市场约束。

4.1.1 合适的存款人约束来源

银行部门资金的基本来源是存款，存款人是主要债权人。从世界范围来看，即使是资本市场最发达的美国，也只有少数大型银行才会定期发行债券和交易股票，存款人自然成为银行业市场约束的主要渠道。理论上，银行存款者看似有很好的地位来对银行管理施加市场约束。第一，不像工业企业不频繁求助于资本市场，所有银行必须通过寻求新的存款作为一个资金来源，确保持久感受市场约束。第二，没有理由考虑存款人对银行风险不敏感，银行挤兑的发生展示存款人对银行风险的增加做出反应（Garten，1986）。

但是，存款人也存在一些缺点而不适合作为市场约束来源。从存款账户作用来看，通常是作为企业资金的转账和结算的渠道，而不是用来进行投资。所以，对于一般存款人来说，选择银行关注银行提供服务的效率，银行地理位置是否便利，以及与银行建立的客户关系。即使大型企业负责资金运作的资深财务人员，主要关注的是企业业务经营的资金分配与规划，而不是存款本身的风险和收益。对于小的存款人，通常是厌恶风险和缺乏丰富的专业知识，对银行信息收集成本和行为监督成本很可能远远超过收益。对于一些存款人，更加容易和更有成本、效率的方式就是将存款转移到大型存款机构而不是监督小银行，他们相信政府不能让大银行倒闭，他们仅仅是“太大而不能倒闭”（Mantripragada，1992）。

存款人是一个复杂的群体，一些研究试图进一步细分出对风险和收益敏感的存款人。Garten（1986）将存款人区分为非自愿存款人（The Involuntary Depositor）和投资者存款人（The Investor - Depositor），相似的是 Mantripragada（1992）将存款人区分为基本存款人（Core Depositors）和投资者存款人（Investor - Depositors）。非自愿和基本存款人更多看重银行支付中介职能，并试图通过存款来获得收益。而 Mantripragada（1992）认为投资者存款人将存款作为一种投资，主要就是关注银行的风险与收益，这类存款的本质就是被动的。

Gilbert（1983）和 Garten（1986）等都将大型可转让定期存单（CDs）的

购买者、银行同业和欧洲美元存款人作为具有投资者特点的存款人。相对于其他类型存款，大型可转让定期存单普遍被认为是最合适发挥市场约束的存款工具。CDs 具有面额大、期限固定、可以自由流通转让但不能提前支取的特点。CDs 具有以下提供市场约束优势：①CDs 通常是作为一种投资工具，被看做是和政府证券、商业票据或是其他货币工具一样的短期投资选择（Garten，1986）；②一般不受存款保险保护，美国的 CDs 面额在 10 万美元以上，超过存款保险 10 万美元的限制；英国 CDs 的最小面额是 10 万英镑，超过当前英国存款保险安排的 3.5 万的限制；③CDs 可以在一级市场定期发行和二级市场流通，能够影响银行融资成本和提供银行风险的信号，更高利率反应银行更高融资成本，从而激励银行减少冒险。

4.1.2 存款保险条件下的存款人约束模型

以 Klein（1971）的研究为基础，Billett、Garfinkel、O’Neal（1998）和 Jordan（2000）通过类似的模型，讨论存款保险存在的条件下，银行风险变化可能带来的风险溢价和存款结构的变化（见下图）。

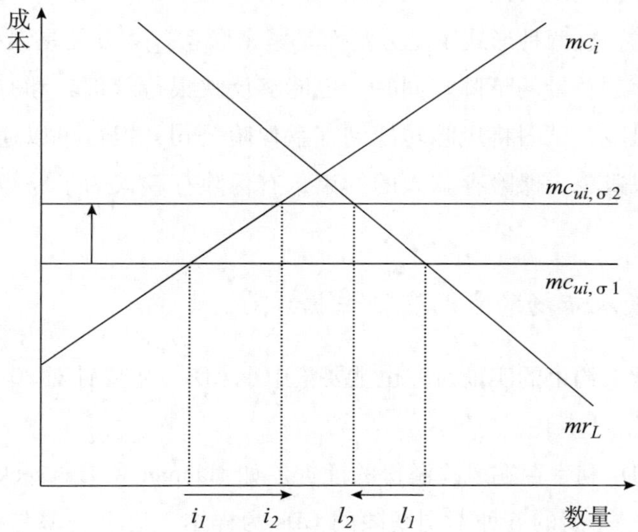

存款保险条件下的存款人约束模型

模型的基本含义是：①银行获得资金的边际成本和贷出资金的边际收益决定最优的均衡；②银行面临向右下倾斜的边际收益曲线 mr_L，这是因为银行地理、专业知识等限制使得贷款的机会有限，随着贷款的增加需要选择获利更少的项目；③银行通过有保险存款和无保险存款两种方式获得资金：一种是有保险存款，面临向右上倾斜的曲线 mc_i。由于受到银行网点限制而导致有保险存款人也是有限的，为了吸引更多有保险存款人，必须提高存款利率或是增加搜寻成本；另一种是无保险存款，银行面临一条平直的曲线 mc_{ui}，这是因为银行可以从更加广泛和竞争性的资本市场获得资金，市场的资金供给方可以看成是无限的，银行无保险存款的成本由风险水平 σ 决定。

当银行在风险水平为 σ_1 的时候，无保险存款人向银行索要利率为 r_1，银行获得存款的数量为 l_1，其中有保险存款为 i_1，无保险存款为 $l_1 - i_1$；当银行在风险水平为 σ_2 的时候，银行获得存款的数量为 l_2，其中有保险存款为 i_2，无保险存款为 $l_2 - i_2$；由上图可以看出，当银行在风险水平由 σ_1 变为 σ_2 时，银行存款总量由 l_1 减少到 l_2，而有保险存款由 i_1 增加到 i_2，无保险存款减少的数量是存款总量减少值和有保险存款增加值之和。

从上述分析可以看出，存在存款保险的情况下，存款人约束存在数量和价格两种形式，这两种形式不是分割而是紧密联系。一方面是银行利率上升；另一方面是存款总量的下降。同时，也能够反映银行管理者和有保险存款人都存在道德风险，试图将风险转嫁到存款保险公司，银行可以通过吸引更多有保险存款来避免无保险存款人的约束，有保险存款人为了获得更多的收益而不计风险。

4.1.3 存款人市场约束的实证证据

关于存款人约束的实证研究也主要集中于 CDs，主要针对 20 世纪 80 年代的美国市场。

第一，CDs 利率存在风险溢价的证据。如 Hannan 和 Hanweck（1988）采用 1985 年第一季度的五种不同期限的 CDs 为样本，通过利率与银行总资产、资本资产比率、银行市场集中度等变量进行回归，发现无保险存款市场对银行风险进行定价的有力证据。Ellis 和 Flannery（1992）则采用了时间序列的方法对1982—1988年的银行每日利率报价进行考察，发现CDs利率明显包含风险溢价。还有一些研究并没有发现CDs利率对风险具有敏感性。Cargill（1989）试图使用财务比率和CAMEL评级来解释银行CDs利率，发现CAMEL回归没有解释力。一些更早期的研究也没发现CDs市场约束额证据①，通常将原因归结于存在对无保险存款隐性的担保。

第二，CDs数量变化的证据。Martinez Peria和Schmukler（2001）关注19世纪80年代和90年代阿根廷、智利和墨西哥的经验，发现存款人通过要求更高利率和提取来约束银行，甚至是小的、有保险的存款人通过从弱的银行提取存款来施加市场约束。Park（1995）和Peristiani（1998）同时采用了上述两种方法，Park（1995）考察了选取在1985—1992年美国9000多家银行为样本，分别用银行平均利率和大型定期存款增长率与估计的银行倒闭的可能性进行回归，结果指出更高风险银行支付更高利率和大型定期存款更缓慢的增长，更高风险银行面临大型定期存款更不利的供给，支持大型定期存款人对银行进行市场约束。Goldberg和Hudgins（1996）考察了1986—1989年美国储蓄贷款协会（S&L）的无保险存款的行为，研究是否无保险存款人在机构临近倒闭的时候调整持有的无保险存款。选择了无保险存款与存款总额的比率与倒闭的可能性等变量进行回归，研究发现将要倒闭的S&L显示无保险存款下降，比没有面临倒闭的吸引更少的无保险存款。

从上述研究可以看出，无论从价格和数量方面对支持和否定存款人约束的证据是并存的，即使支持的证据也都充分地考虑了存款保险的影响。存款人约束与存款保险制度存在密切联系。

4.1.4 存款人约束的缺陷

存款人约束容易造成挤兑的极端形式，这根本上是由存款合约的特点决定。存款保险制度的目的是为了防止挤兑发生，同时也改变了存款人的激励。因此，存款人约束的缺陷是由存款合约和存款保险两方面决定。

第一，存款保险的激励问题。显性存款保险的错误设计和隐性保险的存

① 早期的研究可以参阅Gilbert（1990）的表格。

在减少了存款人遭受损失的预期，从而减少了约束激励和约束效果。对于有保险存款人，即使银行倒闭也能从存款保险机构获得全部存款，他们就没有动机约束银行。在无保险的情况下，存款人收益应该是风险与利率的函数，在有保险的情况下就不必考虑风险，有保险存款人最优决策就是钱存入利率最高的银行。由于存款人没有采取充分的约束，即使银行由于过度冒险而导致很大的贷款损失，由于能够轻易获得存款来补充流动性，银行可以继续存在和继续冒险。存在存款保险的情况，市场信号也不能恰当地反应银行风险，存款利率变化并不能反应市场参与者对银行风险暴露恰当的定价。

第二，存款合约的激励问题。①存款人具有高级索偿权，在银行清算的时候更有可能获得赔偿，从而决定存款人约束银行的动机并不强烈。CDs 这样的无保险存款工具，在索偿权与有保险存款是没有差别，他们都优于次级债权人和持股人。②合约期限短。作为普通和支票账户的活期存款，一般在给予银行通知后就可以提取资金；CDs 一般被列入货币市场工具，也就是到期期限在一年以内的金融工具，存期为一个月、三个月、六个月、九个月和十二个月的 CDs 比较普遍。由于到期期限短，使持有者不必关心银行长期风险状况变化。由于银行倒闭需要一个过程，从出现严重问题到最终倒闭需要一段时间，包括管制机构努力救助的时间。短期的 CDs 持有者都认为在最终倒闭之前会到期，从而不会因为倒闭而遭受损失。因此，存款人没有强烈动机来对银行风险进行准确定价，存款人也并不关心银行长期安全和稳健，一级市场和二级市场的价格可能对银行状况没有充分敏感。③合约条款固定。CDs 一般是不记名和可转让的，合约不能根据持有者的要求进行修改和加入限制条款，从而缺少一种限制银行行为的方式。

从上面分析可以看出，虽然存款是银行的最主要资金来源，存款人也是最主要的市场参与者，但是由于存在存款保险和存款合约自身的缺点，存款人约束并不是最好的约束来源。

4.2 次级债券持有人约束

针对一般债权人特别是存款人存在一些缺点而不适合约束银行的问题，

一些经济学家和管制机构转向设计新的金融工具来专门发挥市场约束作用。普遍认为次级债权人具有很多适合进行市场约束的优点，银行业发行次级债券并不普遍，还必须进行一些改进才能达到更好的约束目的。因此，就出现了一些强制发行次级债的提议，还有一些具体化的改进措施。

4.2.1　强制次级债提议回顾

在新巴塞尔协议重视市场约束维护银行业稳定的重要性之前，就有很多提议通过强制发行次级债（Subordinated Debt）来提高市场约束的作用。Horvitz（1983，1984）较早就提出了这种构想，主要针对当时美国联邦存款保险（FDIC）和联邦储蓄贷款保险（FSLIC）面临日益增加的风险。当时 FDIC 坚持利用股权资本方式约束银行，但是效果并不理想。近年来，一些管制机构的官员转向支持次级债的提议。密西西比联储主席 Gary Stern（1998）和美联储官员 Meyer（1999）都提出通过强制发行次级债来加强市场约束，作为管制约束的重要补充。1999 年美国通过金融服务现代化法案（Gramm－Leach－Bliley Act），要求美联储和财政部研究次级债提议，总结支持使用次级债作为一个鼓励市场约束的存在证据，进一步在法案的 121 条要求大型控股公司金融分支机构必须至少公开发行债券（不必要次级）。根据上述法案，美联储以 Kwast 为首的小组随即针对强制次级债的政策做了专项研究（Kwast 等，2000），研究结论是：强制次级债政策应用于美国最大银行组织，某种程度可能有助于达到包括改进直接市场约束等五项政策目标。但是这些好处的不确定性相当大，即使最简捷的政策①也将对引起银行组织一些成本，而更加复杂政策②将施加相当大的成本。权衡一下，即使最直接的净收益也没有明确支持这项政策是必须的。

从上述报告可以看出，强制发行次级债是提高市场约束的一种广泛认同的方式，但是尚未找到最佳的可行政策方案，仍然有许多方面需要进一步研究和改进。

---

①　如要求一定公开发行的数量。

②　如发行的固定间隔，工具特征的限制，利率上限。

4.2.2 强制次级债政策解析

次级债是一种较新的金融工具，强制次级债政策复杂且不为人熟知。因此，有必要对次级债定义、强制次级债政策目标等基本问题进行解析。

1. 次级债的定义

Fitch（2000）将次级债定义为：对债券发行人的索偿权有更低的级别，索偿权在更高级债券持有人支付得到之后才能够满足。次级债低于有抵押支持的债券，而优于支付股息的持股人。Kwast 等（2000）的定义更加明确，次级债是原始加权到期期限不少于 5 年的无担保债券，本金和利息的支付位置次于所有其他债权人；没有受到任何形式的信用支持，包括担保或是信用证背书；不能由任何有担保的存款机构或是银行控股公司持有。

2. 政策目标

第一，形成专业的市场参与者群体。次级债持有人是投资者，购买的债券的目的就是获得债券投资收益。这些投资者通常具有专业的知识和资深的金融经验，他们有能力对银行的风险状况做出更为准确的判断，能够在价格和数量上对银行冒险行为进行更为恰当惩罚。次级债持有者获得合同规定的固定利息收益，在银行倒闭后的债务索偿权居于次要位置，有动机监督银行的风险状况。当次级债发行数量形成规模的时候，次级债持有者群体就能够形成足够力量的市场参与者群体。有次级债投资者这样专业的投资者，其他债权人就可以减少监督的努力，而且一些高成本的监督也可以被安全地省掉（Dowd，1996）。

第二，次级债作为银行损失的一个缓冲。次级债作为一个缓冲来保护更优先的有保险存款和无保险存款，这些缓冲也保护存款保险基金和纳税人，争取在这些缓冲损失耗尽之前，迅速关闭银行从而避免损失进一步扩大。美国 1991 年联邦存款保险改进法案（FDICIA）确立了“最小解决银行倒闭成本”的管制目标，强制次级债政策将银行倒闭损失从 FDIC 转移到次级债持有者，从而减少了银行倒闭损失对纳税人产生的负外部性。

3. 次级债持有人约束方式及其优势

次级债持有人约束方式与一般债券持有人相似，可以通过价格和数量两种方式。可以通过一级市场发行利率来控制银行融资成本，可以通过发行数量来控制融资。同时，债券持有人还有与其他约束不同的方式，就是可以通过债券合约来增加一些附加的限制条款，限制银行的某些行为或是规定某些风险相关的权利义务。

与其他方式相比，次级债持有人约束有三方面明显优势，这也是强制次级债政策的一些理由。

第一，次级债持有人的激励动机。作为债券持有人，他们的收益在合约条款已经明确，作为固定索偿权人的收益不随银行赢利状况变化而变化。因此，他们不会因银行冒险获利而获得增加收益，在银行倒闭时还要承担成本。他们的激励动机与银行安全稳健的目标最为一致，最适合承担市场约束职责。次级债风险信号更加接近管制者的需要，两者都更加关注防止潜在银行倒闭，而不是潜在银行从更高风险中获得更高赢利（Evanoff and Wall，2000）。

第二，次级债合约期限。次级债的到期期限一般高于五年，更长的到期期限不容易出现挤兑，有利于持有者对银行长期安全和稳健的关注。在发行频率方面，可以要求银行采取小规模和多次发行的方式，从而使银行始终面临市场约束。

第三，次级地位（Junior Status）。这是次级债的一个最显著特点，它的利差比大额存款的利差对风险变化更加敏感。一旦银行倒闭，次级债持有人在他们索取权兑付中排在最后。管制机构要求银行发行更多的次级债，使存款保险以外更多的私人资金面临风险，而没有使他们处于不利的竞争。

4.2.3 次级债持有人约束动机模型

Black 和 Cox（1976）最初提出了多个索偿权方的资产价值支付模型，Gorton 和 Santomero（1990）利用这个模型来分析次级债的市场约束作用，Nivorozhkin（2005）进一步考虑了有破产成本的情况下次级债的市场约束。

银行对索偿权的支付依赖于到期时银行的价值，如果银行的实际价值（V_T）超过高级债权应该支付的价值（S），高级债权能够获得 S，否则只能够获得 V_T，其他各方获得的支付为 0。当银行的价值大于所有债权人的索偿权（E），次级债所有者获得的支付（D_J）为 J，股权人的收益（E）为剩余索取权。当 $S<V_T<S+J$，而高级债权人的只能获得 V_T-S，股权人的收益为 0。因此，三种类型的索偿权可以获得支付分别为：

$$D_s=\min\left[V_T,\ S\right] \tag{4-1}$$

$$D_J=\max\left[\min\left(V_T-S,\ J\right),\ 0\right] \tag{4-2}$$

$$E=\max\left[V_T-\left(S+J\right),\ 0\right] \tag{4-3}$$

表 4-1　不同银行价值情况下索偿权人获得支付组合

	$S+J<V_T$	$S<V_T<S+J$	$V_T<S$
高级债	S	S	V_T
次级债	J	V_T-S	0
股权资本	$V_T-(S+J)$	0	0

Gorton 和 Santomero（1990）的分析认为：次级债持有者与一般债权人的状况不同，次级债持有人对债券期限和银行资产波动的反应是不明确的。当银行的价值与高级债务的价值接近时，这时次级债持有人是剩余索偿权人，行为接近股权持有人。当银行价值远远高于高级债务的价值，次级债持有者的行为更接近一般债权人。从上表可以看出，当银行状况良好的时候（$S+J<V_T$），银行支付高级债务之后，还能够全额支付次级债，次级债持有人不会受到损失。当银行不能完全偿付高级债权的时候，次级债将受到完全的损失。由于次级债不能从银行过度冒险中获益，次级债持有者有动机促使银行避免过度冒险造成损失，通过要求更高的风险溢价来降低银行冒险行为。但是，当银行状况严重恶化到 $S<V_T<S+J$ 的时候，次级债充当了对存款和存款保险遭受损失的缓冲作用，次级债持有人也有动机让银行通过过度冒险来挽回损失。

4.2.4　次级债持有人约束的实证证据

实证研究主要考察银行次级债的利差和银行风险的测度之间的显著关系。一些早期的研究发现几乎没有证据显示各种银行风险的指标与次级债的利率相关。Fraser 和 McCormack（1978）考察了 1971—1976 年美国大型银行发行债券情况，结果发现风险溢价与资本比率和风险都没有明显的统计关系。Gorton 和 Santomero（1990）发现银行风险的会计指标在解释利差方面没有价值，几乎没有提供有意义的市场约束证据。Flannery 和 Sorescu（1996）考察1983—1991 年的 83 个银行组织发行的 422 个债券样本，次级债利差与银行专有风险敏感度指标回归，发现虽然没有获得市场约束有效控制银行，但也否定了投资者不能理性区分没有重要银行风险的假设，结论是投资者对政府处置银行倒闭的私人损失的政策有理性的反应，主要是与解决太大而不能倒闭政策相联系。发现在 19 世纪 80 年代后期和 90 年代早期，银行风险和利差相关性增加，这期间政府担保开始减弱。

Covitz、Hancock 和 Kwast（2004）根据存款保险不同模式，将研究期限分为事实上的太大而不能倒闭时期（1985—1987）、收购与接管时期（1988—1992）和后 FDICIA 时期（1993—2002），研究显示 1989 年以前市场约束很弱，收购与接管时期（1988—1992）利差对风险有很强的敏感性，在后 FDICIA 时期（1993—2002）却相对变弱了一些。研究还显示管制约束的改革和限制安全网规模增加次级债持有者的损失，进一步发挥了市场约束的潜力。研究的结论是没有强制政策的次级债一级和二级市场仍然存在施加市场约束的实证证据，高风险的银行将选择不发行次级债。

从实证研究可以看出，有一些明显支持次级债持有人市场约束的证据，而且随着政府隐性担保的减弱而增强，隐性担保问题银行的处理方式对次级债政策有显著影响。

4.2.5 强制次级债政策设计

次级债合约虽然有发挥市场约束的天然优势，但是为了达到银行业自我稳定的目的，还需要进一步优化改进来加强效果。

1. 期限结构

期限结构（Maturity Structure）是决定债券性质的一个重要因素，也是决定约束力的重要因素。长期债券的特点更加接近股权资本，短期债券的性质更加接近于定期存款。

主张更长期限的提议通常认为长期债券持有者的动机与管制约束更一致，

都是要避免银行倒闭，而更长期限又不容易出现挤兑。次级债的到期期限特征必须充分的长，以至于将债券持有人与银行紧密联系在一起。从而确保银行倒闭的风险充分的证券定价中反映（Hamalainen，2004）。次级债到期期限的增加，银行将对违约风险的增加支付更高利率。

主张较短期限的提议通常认为：短期债券可以让银行更频繁进入资本市场进行融资，使银行冒险行为及时受到惩罚，市场价格信号对银行的风险状况反应的更加迅速。Fan、Haubrich、Ritchken、Thomson（2003）研究发现不同期限具有各自优点，短期的次级债容易受到风险以外的其他因素的影响，但是长期债影响却不明显。如果希望更积极的约束银行风险，到期期限非常重要，而且期限短更好，利差对于到期期限短的次级债具有高敏感度。

为了实现上述两种想法，普遍的方案就是发行债券期限结构交错的长期债券，一定的短期期限必须有一定比例的债券到期，这部分只是全部公开发售债券的一小部分。

2. 债券的数量

次级债发行的数量需要足够大，才能形成足够大的市场参与者群体，对银行风险决策才能产生足够的影响。提供足够大的缓冲来保护存款保险安排，从而让纳税人不受大的损失，需要创造一类卓越的和潜在有力的银行投资者（Evanof、Wall，2000）。

Evanoff（1993）提出修改资本指导原则，由4%资本和4%次级债要求来代替8%的总资本要求，认为这样不但可以提供资本缓冲，还可以充分利用其发挥市场约束的优势。Evanof 和 Wall（2000）提出同样提议，次级债应该为银行资本要求的最小百分比①。Benink 和 Calomiris（1999）提出次级债必须保持风险资产的最小部分（即2%），发展中国家的小银行可以用无保险定期存款替代，大银行可以用不可交易的定期存款替代。

3. 可卖出选择

可卖出（Puttable）选择。Wall（1989）提出了一个具有代表性的方案：每个银行必须保持一定数量的未到期期限超过90天的次级债，当债券持有人

① 通常是风险权重资产的3%～5%。

提出向发行银行卖出债券90天以后，银行就必须按照要求兑付债券。银行的次级债数量不能小于最低标准，否则就必须发行新的债券或是受到管制当局的处理。

次级债可卖出的提议是优点和缺点并存的，支持者认为可以通过：①给次级债持有者在银行倒闭时一个强的发言权来加强市场约束；②促使管制快速解决问题银行来加强管制约束（Kwast et al.，1999）。反对者主要着眼于银行挤兑的危险，次级债的可卖出的条款等于缩短了债券的到期期限，一旦银行出现问题会引起大范围的要求卖出债券。债券持有人卖出债券的动机可能不是因为银行风险，而是因为收益率的变化。如果债券的利率为固定利率，当其他相似的金融工具的市场收益高于次级债，持有者就有动机卖出债券。因此，Wall（1989）建议采用浮动利率。

4. 适用范围

许多提议支持要求大银行发行次级债，如Evanoff和Wall（2000）提出仅美国最大的25家银行发行次级债。这种主张的论据是大银行引起系统风险的可能性大，银行的复杂程度高，需要引入次级债来约束银行。大银行发行次级债的数量大，债券发行的规模经济使得大银行的成本更低。发行规模大还有利于形成良好的流动性，使次级债显示的信号能够更准确地反应市场风险。主张小银行发行次级债论据是这些银行通常不公开发行股票，有保险存款的比重高，很少受到市场约束，因此有必要引入次级债。

Kwast等（1999）研究表明：到1998年年底，90%的美国最大50家银行和96%的最大50家银行控股公司公开发行次级债。而总资产在5亿美元到100亿美元的银行和银行控股公司，只有少于20%的银行和少于12%的银行控股公司发行次级债。

从以上数据可以看出，大银行主观上也愿意发行次级债，而小银行却缺乏动力。由于次级债引起的融资成本对于小银行的负担过重，普遍认为强制次级债政策适用于大银行。

综上所述，强制次级债提议还是在酝酿阶段，要想达到理想的约束目标，次级债政策需要在多方面进行改进完善，从理论构想到应用还需要多角度权衡。

4.3 持股人市场约束

随着金融合约的日益复杂，股权合同的结构呈现多样化。发行债务的公司经理不再是唯一的所有者。因此，我们有两个不同类型的股份——持有的“内部”股份和被其他所有者持有的“外部”股份（Dowd，1996）。持股人可以通过董事会对银行管理者进行内部控制，通常持有“外部”股份的中小股东没有实际的决策权。银行内部人（多数票的持股人）和外部人（中小股东）也存在直接的利益冲突，多数票的持股人有动机来损害中小股东利益。如果将董事会和管理者看成一个控制银行行为的整体，所有持股人都可以通过股票市场从外部约束银行行为。

4.3.1 持股人的约束动机

从索偿权的顺序来看，持股人的权利最低，位于所有债权人获得赔偿之后。如果银行倒闭，持股人遭受损失的可能性最大。因此，持股人有动机来避免银行倒闭。

存款人等债权人拥有固定索偿权，收益不随银行的收益变化，只关心银行倒闭可能带来的损失。持股人拥有剩余索偿权，收益与银行的收益正相关，约束的激励由收益和风险暴露两方面共同决定。特别是在有限债务责任的情况下，银行冒险成功则收益全部由持股人获得，而失败的损失只以投资为限，其余的损失由存款保险公司承担，从而促进了持股人的冒险。银行市场价值下降到没有清偿力的时候，这种趋势严重和明显。当银行到了“孤注一掷”的时候，银行由于有限责任而不会有更多的损失，持股人希望银行持有更大风险资产，来尝试获得更大收益来恢复银行清偿力，但这种可能性是很小的（Evanoff，1993）。因此，持股人的约束目标与管制者的控制冒险的目标存在差异，持股人的道德风险使得股票不是合适的市场约束渠道。

4.3.2 持股人约束银行的方式

银行需要在一级市场公开发行股票，市场参与者希望以更低价格或是更少持有高风险银行股票，这种数量和价格关系与债券是相同的。但是，与债权合约不同，股票是不用到期支付本金和利息，不存在存款约束人直接挤兑的问题，也不存在债券到期必须到一级市场重新发债。因此，持股人对银行的主要约束不是在一级市场的直接约束，而是在二级市场的间接约束。

银行过度冒险比稳健经营有更大的失败风险，冒险的失败会导致银行收益下降，持股人能够获得的股息就会下降。持股人在二级市场抛售股票，造成股价巨大的下跌压力，包括担任董事会成员的大的持股人都会遭受损失。二级市场价格低到一定水平，就会出现市场参与者公开收购银行股份接管银行控制权。因此，银行董事会成员为了避免遭受损失，有动机促使管理者采取稳健决策。股票价格和收益的变化是反映银行风险状况的重要信息，为其他市场参与者和管制机构进行决策提供参考。

4.3.3　加强持股人约束的途径

持股人的约束动机与承担的损失直接相关，承担的损失越大就越有动机约束银行。股东被限制只能具有无限责任的所有权形式，在假设股东和管理者的激励一致，无限责任确保存款人和银行券持有人不受违约，因为可以显著减少银行投资于风险资产，让银行支付更低的风险溢价（Hickson，Turner，2004）。在 17 世纪—18 世纪的苏格兰自由银行时期，除了苏格兰银行、苏格兰皇家银行和不列颠亚麻银行以外的其他银行都是采取无限责任的合伙制；1933 年以前，美国的银行法也要求国民银行持股人负有双重债务责任。这些规则在制定当时的目的都是为了增加持股人约束银行冒险，但由于目前国际银行业普遍采取有限责任，任何国家的管制机构都不愿增加银行负担来削弱竞争力，有的甚至采取管制宽容来支持国际竞争，增加银行债务责任的做法无法采用。

由于在银行资本接近于零或是负值的时候，持股人明显支持银行冒险。因此，美国等一些国家采取了“及时校正措施”（PCA）来限制这种动机，银行资本状况恶化的时候要求银行补充资本，使持股人面临潜在损失而努力约束银行，银行资本耗尽之前及时处理问题银行。

4.3.4 持股人约束的实证证据

持股人约束很早就受到研究者的重视，大量实证证据为解释相关问题提供了丰富的解释。

关于股票市场信息能否有效反映银行冒险程度，20 世纪 80 年代就有大量研究进行了探讨[①]，Pettway（1980）选择了 1972—1976 年美国倒闭的大型银行为样本，考察这些大型银行在倒闭之前的股票市场收益率对潜在倒闭的敏感性，发现市场收益率相对于其他没有倒闭的银行有明显的变化。Cornell 和 Shapiro（1986）研究显示，1982—1983 年美国的银行的股票价格明显受到拉美贷款风险暴露影响。尽管缺乏关于外国借贷的公开可获得信息，但市场能够区分不同程度贷款暴露的银行。Randall（1989）以 20 世纪 80 年代出现严重问题的 40 家银行控股公司为样本，分析显示市场直到明显损失发生才发现问题，股票市场没有约束银行冒险。近期仍是研究的重要领域，Hoggarth、Jackson 和 Nier（2003）研究显示基于股票资本的指标对银行专有风险敏感，是评估银行风险的重要信息。

在银行持股人债务责任与约束动机方面的研究方面，Esty（1998）在分析 1900—1915 年，银行持股人债务对风险承担和投资组合选择的影响。发现严格债务规则降低了资本和资产的波动性，银行减少风险资产的组成，剩余索偿权函数的变化明显增加对银行冒险约束。Kaufman（1989）的研究显示在 1934 年联邦存款保险公司成立以前的银行倒闭数量远远小于成立之后，原因在于国民银行和部分州立银行的持股人对银行债务责任不仅限于投资额，双重的债务责任促使持股人要求管理者保持低风险的资产组合。

4.4 评级机构的市场约束

1909 年，约翰·穆迪（John Moody）对美国的铁路债券进行评级，从而开创了信用评级这一行业。经过一百多年的发展，信用评级行业不断发展壮

① 参见 Gilbert（1990）的表格。

大，穆迪、标准普尔和惠誉是全球三大国际评级机构。

4.4.1 信用评级及其运作方式

穆迪将评级概括为：对一个发债机构能否于债券等发行债务工具到期日前按时偿还的能力和意愿做出的意见①。通常在公布首次评级信息后，评级机构还会继续进行持续的跟踪评级，实时的修正评级结果。评级结果一般都使用特定英文字母进行定义（见表4-2），并有相应变化趋势的说明。

表4-2　　　　穆迪银行财务实力评级定义

级　别	含　义
A	内在财务实力最强，拥有极具价值和抗御力强的营运特权、稳固的财务基本面及非常易于预见和非常稳定的营运环境
B	内在财务实力强，拥有价值且抗御力强的营运特权、良好的财务基本面及可预见和稳定的营运环境
C	内在财务实力尚可，一个稳定的营运环境中拥有可令人接受的财务基本面，或在一个不稳定性的营运环境中拥有好过平均水平的财务基本面
D	内在财务实力一般，可能受到以下一项或多项因素的制约：特许权价值低；财务基本面在一个或多个方面存在不足；营运环境不可预见且不稳定
E	内在财务实力很一般，可能受到以下一项或多项因素的制约：特许权价值低且有限；财务基本面在一个或多个方面存在严重不足；营运环境极难预见且极不稳定

资料来源：穆迪网站 http：//www. moodys. com. cn.

评级机构对于银行的评级分为两种方式：一种是被动评级（Unsolicited Ratings），银行为发行债券而按照要求来委托评级机构进行评级，这是评级机构一项有偿服务；另一种是主动评级（Solicited Ratings），评级机构主动对银行存款或是财务实力进行评级，这种评级通常是公开和无偿的，近些年穆迪和标准普尔公司每年都会推出重要国家银行业的评级报告。

① http：//www. moodys. com. cn。

评级机构通常对银行两方面进行评级：银行存款评级和银行财务实力评级。银行存款评级是有关银行按时偿付其外币及本币存款债务能力的意见，银行存款评级旨在包括被评级银行本币和外币存款的未来偿还能力的信用风险的各个方面，其中包括如内在财务实力、主权转移风险（对于外币存款而言），及其他潜在或明显的外部支持因素。银行财务实力评级代表对一家银行内在健康安全等因素的判断，但不包括一些外在的信用风险及信用支持因素，银行财务实力评级不是对银行是否能够按时履行付款义务进行评定，银行财务实力是对一个银行是否有向第三方（如其所有人、行业集团或政府部门）求助的可能性的评定①。

4.4.2 信用评级对银行业的市场约束

信用评级机构只提供评级结果，而不直接参与银行的债券交易，因此对银行业的约束都是通过其他参与者来完成。

第一，市场参与者对评级信息的反应。市场参与者在购买银行发行的金融工具时，通常将信用评级作为考察银行履约能力的重要信息。由于银行业存在高度信息不对称，评级信息对于市场参与者来说是一种既权威又低成本的信息。市场参与者通过参考评级信息来选择债券，对债券风险进行定价，银行存款和股票等价格也会受到评级变化的影响，从而影响银行的融资数量和成本。

第二，管制机构对评级信息的采用。管制机构广泛将评级信息与管制规则相结合，成为采取管制措施的重要指标。在美国的管制政策中，与银行资产相关的要求很多都与评级信息相联系（见表4－2）。同样，按照《新巴塞尔协议》（Basel Ⅱ）规定：信用风险的标准化方法中，外部评级作为权数是两种方式之一。对银行债权的确定以银行本身之外部评级为基础来认定风险权数，允许银行对公司债权不考虑外部信用评级，以防止银行片面地对外部信用评级采取对自己有利方面。

---

① 上述两个定义都来自穆迪：http：//www. moodys. com. cn

表 4-3　　美国管制政策中的信用评级要求

分　类	运用形式
FDIC	· FDIC 保险的银行的投资要求条件 · 州注册银行资本计算要求 · 外国银行抵押资产的合格性及评价参考，这些外国银行的储蓄有 FDIC 承保
OCC 及 Fed	· 资产是否适合投资、资本要求的确定，保证金要求等都以信用评级为依据 · 由州监管的金融机构投资对象的合格性要求，这些金融机构包括保险公司
州府	· 公共退休基金，在州注册的银行和储蓄机构

资料来源：考埃特（2001）。

第三，银行对评级信息的反应。风险状况良好的银行希望通过评级来向市场参与者传达有利信息，从而减少债券等金融工具的发行成本；风险状况不好的银行可能会在评级较低的时候避免发行债券，以减少不利影响带来的损失。

4.4.3　评级机构的激励动机与规范

由于评级机构不是金融合约的直接参与者，他们的激励结构与存款人、债券持有人不同，不能从合约的成本收益角度来研究。由于收益不受金融合约履约结果的影响，评级机构就存在道德风险问题，需要一些合理的规则来规范其行为。

1. 激励动机

评级机构对于银行债券发行的委托评级是有偿的，银行需要向评级机构缴纳手续费；对于评级机构对银行的主动评级是无偿的，但是评级的信息资料可以向投资者出售获利。而对于评级结果带来的市场影响，评级机构不承担任何责任，如对投资者的损失不负责任。同时，由于评级机构提供有偿服务，而评级信息直接影响银行债券发行成本。

因此，存在评级机构的道德风险。评级机构可能为了竞争评级业务而提高评级，银行有动机提供更高的费用来换取更高的评级。虽然存在道德风险，但是评级机构也受到企业信誉的约束，经常与市场背离的评级结果会不被市场参与者接受，评级机构将最终退出市场。

2. 评级机构的规范要求

由于存在道德风险，评级机构必须符合一些标准才能有效发挥市场约束作用。新巴塞尔协议提出了六项资格标准（见表4-4），其中可信度是对其他五项的高度概括，只有可信的评级信息才能有效影响市场参与者的决策，从而影响他们的投资决策。

表4-4　评级机构的规范要求

客观性	信用评级的方法必须是严格的、系统的，并且可以根据历史数据进行某种形式的检验
独立性	外部评级机构应该是独立的，不会迫于政治或经济上的压力而影响评级
国际通用性和透明度	凡是有合理要求的国内和国外机构，都可以以同等的条件获得每个评级结果。此外，外部评级机构所采用的基本评级方法应该对外公开
披露	外部评级机构应当披露以下信息：评级方法，每一级别实际的违约概率，评级的变化趋势
资源	外部评级机构应当有足够的资源，确保提供高质量的评级结果
可信度	在某种程度上，可信度建立在上述标准的基础上。此外，独立主体（如投资者、保险人、贸易伙伴）对于外部评级的依赖程度，也是外部评级可信度的证明

资料来源：BIS（2004）。

4.4.4　外部评级影响市场约束的实证证据

从以往银行倒闭的案例来看，评级机构提供信息的质量存在巨大差异。1984年，美国第七大商业银行大陆伊利诺斯银行（Continental Illinois Bank）陷入危机，穆迪公司对这家银行的评级直到倒闭仍然保持为A2，评级机构显然没有向市场提供正确信息。1997年11月26日，美国穆迪公司发表声明说，正在准备考虑降低对日本长期信用银行、日本债券信用银行、三井信托银行、安田信托银行、中央信托银行五家机构的资信等级评价。消息传出来后，五家银行都表示愤怒。但是，市场似乎更相信穆迪公司，几家银行马上面临储户提款的压力。穆迪公司这个降低评级事后被证明是正确的，这些日本金融机构的确存在严重问题。

大量的实证研究提供支持评级信息提高市场约束的证据，这些研究从多个角度考察了评级信息的作用。Schweitzer、Szewczyk 和 Varma（1992）研究显示：评级机构向资本市场提供关于银行控股公司风险暴露的有用信息，这些信息是投资者和管制者不知道的。进一步研究还指出市场通过对银行增加冒险索要成本来影响其投资决策，评级机构搜集信息的行为提高了市场约束的效率。Gropp 和 Richards（2001）考察了国际著名评级机构评级变化对欧洲银行的债券和股票价格的影响，没有发现评级对债券价格产生影响，可能是因为欧洲的债券市场缺乏流动性。对于股票价格，发现了评级的强烈影响。研究显示评级机构在获得和总结银行非公开信息方面发挥积极作用，而欧洲的债券持有人对银行风险监督相对较弱。Sironi（2003）比较了美国和欧洲的银行发行次级债的利差决定因素，发现美国的银行由于他们更差的平均信用评级而支付更高的次级债利息，这是因为欧洲的一些银行是国有或者受到政府担保。事实上，美国的银行在穆迪对银行财务实力评级要稍微好于欧洲银行，这消除了政府和其他外部支持对投资者风险承担的影响。Morgan 和 Stiroh（2000）以美国 1993 年至 1998 年新发行的 4100 种债券为样本，使用债券利差、评级和银行资产组合等数据来考察市场约束，发现银行和非银行债券在利差和信用评级之间的关系是同样具有明显的相关性。投资者不只是根据信用评级，还要依据贷款和资产的组合。

除了对银行偿债能力的直接评级，其他形式的评级也与市场约束紧密联系。惠誉（Fitch Rating）公司设计一个支持评级（Support Rating）来反映银行从政府获得支持的可能性，1 至 5 级政府支持程度依次递减。Gropp、Vesala 和 Vulpes（2006）研究显示：政府支持级别为 3 或者更高的情况下次级债利差反映银行风险，评级为 1 或是 2 的情况下则不能反映银行风险。Nier 和 Baumann（2006）沿着 Gropp、Vesala 和 Vulpes（2006）等人的思路，构建了支持的虚拟指标变量，研究显示竞争增加银行冒险动机，竞争环境中的市场约束可以更加有效地发挥控制这些动机的作用。

4.5 本章结论

本章以私人市场参与者的类型对约束机制进行了具体分析。由于金融合约的特点不同，参与者的激励结构不同，与银行的利益相关程度也不同，约束动机直接决定了约束方式与效果。存款人虽然数量众多，由于存款合约特点和存款账户用途差异，存款人存在一些不利发挥市场约束的缺点；债券持有人是专业投资者，债券合约适合作为市场约束来源，但在多方面进行改进；持股人的虽然也是专业投资者，但是由于持股人拥有剩余索偿权，有过度冒险动机。因此，从激励结构的角度，债券持有者更加适合作为约束来源，其他参与者也是约束的重要来源。评级机构作为第三方机构具有信息优势，只在市场监督阶段发挥作用，对其他市场参与者发挥约束起到了重要的间接作用。

从实证研究来看，存在大量支持存在市场约束的证据。不同的研究结果存在一定差异，可以归因为一些制度或市场因素影响了机制发挥的条件。

Caprio 和 Honohan（2004）根据不同的参与者提出了相应的条件（见表 4－5）。为了充分发挥市场约束的效果，不但要考虑市场参与者的持有合约特征，还有重视机制依赖的外部环境。市场条件和制度条件也是决定激励结构的重要因素，这些对发展中国家影响更加明显，需要更加重视。以后的各章将以本章的研究为基础，在研究中融入制度因素来探讨市场约束机制。

表 4－5　　影响市场约束的制度与市场因素

前提的类型	市场和管理	政治与政策
存款人	银行管理责任国家的规模（小）	存款保护（小）
股票和债券持有人	上市的私有银行的百分比	政府所有权比例（低）
信息企业	接受评级的银行数量审计要求	外国所有权比例（高）

资料来源：Caprio 和 Honohan（2004）。

5 管制约束与市场约束的相互补充

市场约束与管制约束等维护银行业稳定力量不是分割和孤立存在，整个的治理体系的各个组成部分形成了相互替代又相互补充的复杂共同体。管制在一定程度上削弱了直接市场约束的作用，也具有加强和提高市场约束的巨大潜力和空间。管制和市场约束更多的是补充而不是替代，没有对方的情况下单一的约束很难有效运行。没有管制者采取可信的关闭政策，市场约束可能是缺乏效率。相反，没有银行债券和股票的价格和利差产生客观的数据，关闭政策可能受到含混不清和宽容的困扰（Rochet，2004）。

史普博（1999）将管制经济学定义为研究行政机构活动和行政法规对市场的约束，银行业的管制约束同样也是由管制规则和行动构成的。本章将探讨管制约束与市场约束的相互补充，也从规则和行动两个方向展开。第 4 章研究的私人市场约束，可以看做是既定管制规则下市场约束对管制的补充；这一章将研究以下两个方面：一方面是研究两者在机制和程序上联合，另一方面研究管制规则对市场约束的改进。

5.1 管制机构的监督审查及其局限

《新巴塞尔协议》（BIS，2004）将监督审查（Supervisory Review Process）作为管制框架的第二支柱，指出这种做法的目的是在银行和管制当局之间形成有效的对话机制，以便在发现问题时可以及时、果断地采取措施来降低风险和补充资本。因此，监管当局应该建立机制，重点监控从风险状况或经营情况角度观察应予注意的银行。

本节将监督审查过程分为获取信息和处理问题银行两个部分，对监督审查机制进行系统研究，为此后市场约束和管制约束相互补充的研究奠定基础。

5.1.1 管制机构

为了有效地管制银行业，各国普遍设立专门机构进行管制规则的制定和执行，并逐渐出现了国际和区域银行业管制的合作机构。由于各国经济发展历史路径和银行制度差异，银行业管制机构的设置和职能也存在一些差异。

1. 巴塞尔国际银行监管委员会

20世纪70年代，世界主要发达国家都出现了通货膨胀加剧、经济增长停滞和国际收支恶化的“滞涨”问题，维系国际货币体系稳定的布雷顿森林体系崩溃，导致银行体系出现了第二次世界大战后空前的动荡。西德的Herstatt银行由于外汇交易遭受巨大损失而倒闭，给西方发达国家造成了极大的冲击。1974年年底，“十国集团”（G10）[①] 决定建立银行法规与监管事务委员会，各国的代表机构为中央银行或是相应的银行监管机构，巴塞尔银行监管委员会（Basel Committee on Banking Supervision，简称巴塞尔委员会）从此开始运行。

1988年7月，巴塞尔委员会颁布了《统一资本计量与资本标准的国际协议》（简称《巴塞尔协议》）。1988年的巴塞尔协议影响远远超过“十国集团”，已经有超过100个国家执行了这项协议。近年来，巴塞尔委员会先后制定了多份与管制、检查程序相关的指导文件，范围涉及维护银行业稳定相关重要领域，成为世界范围内具有权威的竞争和管制规则。

巴塞尔委员会提出的工作目的是：试图通过对监管问题、方式和技术的信息交换，在世界范围内提高对关键监管问题的理解、提高监管质量和加强银行业监管框架，促进银行业风险管理水平和帮助改进金融报告标准[②]。巴塞尔协议提出统一国际银行监管标准工作的两个主要目的：①新系统应有助于国际银行业系统的安全性与稳健性；②新系统在各国银行业内实施时应当公平，而且具有高度的一致性，以便消除国际银行间造成不平等竞争的现存根

① 比利时、加拿大、法国、德国、意大利、日本、卢森堡、荷兰、瑞典、瑞士、英国和美国。

② 国际清算银行网站：http：//www. bis. org/

源。由此可见，巴塞尔委员会一直致力于国际银行业稳定的工作，通过多种形式提高各国银行监管的水平，加强各国在银行管制方面的协调合作。

2. 美国多元管制机构模式

美国的银行可以选择通过联邦管制机构和各州管制机构进行注册，对银行的管制也分为联邦和州两个层次进行。美国多个机构具有对银行管制职能，各个机构在权限方面的分工有所不同。

货币监理署（OCC）根据《国民银行法》于1863年成立，隶属财政部，但直接对国会负责，总监由总统任命和参议院批推，货币监理署负责国民银行的管制，它是唯一具有国民银行市场准入权力的机构。联邦储备委员会（FED）是根据《联邦储备法》于1913年成立，理事由总统任命和参议院批准，负责对参加联邦储备体系的银行和银行控股公司的管制。联邦存款保险公司（FDIC）根据《1933年银行法》于1933年设立，负责对参加联邦存款保险的银行进行管制，特别是负责倒闭银行处理的相关的存款赔付和兼并收购等。美国各州都有各自的银行管制机构，负责在本州注册的银行按照州的法律进行管制，包括市场准入和检查等。此外，还有美国联邦贸易委员会（FTC）等也有部分银行管制职能。

3. 英国和日本的单一管制机构模式

根据英国《1979年银行法》和《1987年银行法》规定，英格兰银行（中央银行）具有管制银行业和执行货币政策的双重职能。1998年的《英格兰银行法》和2000年的《金融服务与市场法》确定了英格兰银行不再行使银行管制职能，专门从事货币政策的制定和执行。新成立的英国金融服务局（Financial Services Authority，FSA）成为银行管制机构，同时还负责对保险公司、证券公司等各种金融机构进行管制。

第二次世界大战以后，日本由大藏省长期负责银行管制，大藏省拥有广泛的职权和影响力。1996年11月，时任首相桥本龙太郎提出金融大改革（Big Bang），其中就包括了银行管制制度改革。1998年4月1日，修改后的《新日本银行法》获得国会通过，长期以来一直为大藏省所拥有的一般性监管权、业务指令权等统统废除，日本银行（中央银行）单独负责货币政策的制定和执行。1998年6月成立金融监督厅，作为总理府的外设局负责民间金融机构的检查与监督（谢伏瞻，2002）。

英国和日本的单一管制模式具有两个共同的特点：其一，银行管制机构与货币政策机构分离，避免银行管制目标和货币政策目标的冲突，从而避免造成在政策上选择的错误。其二，银行和证券、保险等金融机构的管制职能集中在统一机构，在金融混业经营的趋势下，有利于不同业务管制的协调与统一。

从上面分析可以看出，不管什么类型的管制机构，都是政府的代理人而不是市场参与者的代理人。管制机构并不是市场交易的直接参与者，管制者的激励动机可能偏离维护银行业稳定的公共利益目的，约束规则的制定和执行不恰当会产生严重的消极影响。这种情况下，他们能够真正代表市场参与者的利益受到质疑，他们的行为应该受到市场约束的制约。市场约束不只是约束银行的道德风险，也约束管制者的道德风险，促使管制者不能偏离公共利益的目标。

5.1.2 管制机构获取信息的方式及存在的问题

由于有对银行强制执行的权力，管制机构可以直接要求银行提供所需信息，也可以通过对银行进行检查来获得信息。1997 年，国际清算银行提出“有效银行监管核心原则”（Core Principles for Effective Banking Supervision），其中将现场检查（On - site examination）和非现场审查（Off - site surveillance）作为管制机构两个主要方式对银行进行监督。《巴塞尔新资本协议》（BIS，2004）除了提出现场检查和非现场审查以外，增加了与银行管理层进行讨论、检查外部审计师的工作（前提是其工作重点针对资本问题）和定期报告等方式。其中现场检查和非现场审查是各国管制机构广泛采用的方式，对检查方式和信息处理方式进行评析，目的是便于与市场信息进行比较。

1. 现场检查

现场检查就是管制机构选派人员到银行进行实地检查，一直是管制机构监测银行风险变化和执行规则状况的主要手段。各国进行现场检查的执行者存在着一些差异，欧洲一些国家（例如英国）将银行监督审查任务交给外部审计师，而美国则是由管制者亲自进行监督审查。现场检查的内容包括资本充足率、风险状况、流动性、赢利性内部审计和会计、董事会和高级管理层等方面。现场检查一般是每年一次，根据银行经营状况的变化改变检查的频率和期限。

以美国为例，检查组由具有各种业务专业的人员组成。要检查一家拥有50亿~100亿美元的中等规模的银行，需要3~5名经验丰富的检察官。检察官要求银行提供档案和其他信息，包括：银行所有高级官员和董事名单、银行政策指令汇息、程序手册、最近一个季度及最近一个财政年度的资产负债表和收益表、当年贷款余额档案、所有内外部审计师提供的评估报告等信息，检查官根据检查获得的信息进行资产质量、管理质量、赢利和流动性等方面的评估（普歇尔，1998）。

由于银行业的特殊性，管制机构对银行的现场检查有利于减少信息不对称，银行存在的问题在现场检查过程中不容易被隐瞒，现场检查还有利于管制者和银行直接的信息交流和给予银行技术支持。

2. 非现场审查

20世纪70年代以来，由于银行规模的普遍扩大和组织结构日益复杂，管制机构进行现场检查受到了资源不足和成本过高的限制，从而转向通过非现场审查方式来监督银行。现代信息技术的高速发展降低了信息的收集和处理成本，进一步推动了这种方式的发展。

进行非现场审查，管制机构的信息来源是银行提供的各种相关的数据、报表等资料，内容涉及银行财务、损益、资产负债等方面，包括定期的月报、季报、年报和非定期的重大问题事件报告。管制机构对报表数据提出严格和统一的填报标准，以便于管制机构纵向（不同时期）和横向（不同银行）之间进行比较。

以美国为例，联储所用的工具包括《统一银行业绩报告》（Uniform Bank Performance Report），这种由电脑生成的季度报告，将数据处理成便于非现场分析人员评估银行状况的格式。内容包括银行财务状况四个主要方面比率：资本充足标准、资产质量指标、收益指标、流动性指标。报告包括银行财务状况的历史数据，以便分析人员弄清银行经营状况变化的趋势。还将银行的各组比率数据与全国同业其他机构作比较，以反映银行业绩的相对情况（斯平德勒，1998）。

通过非现场审查，根据银行不同类型的报表资料进行连续分析，能够及时和连续监测金融机构的基本实力的变化状况，可以更加连续和动态地掌握整个银行业体系的稳定。非现场审查能为现场检查提供依据和指导，使现场检查更有针对性，从而有利于合理分配监管资源，发挥现场检查的最大效力。

3. 管制机构的信息处理方式

从银行获得相关资料并不能直接提供有用的信息，需要进行加工和评价才能够应用于管制的决策。美国的银行管制机构采用两个重要的评估模式进行信息处理，针对银行的 CAMEL 评级和针对金融控股公司的 BOPEC 评级。

CAMEL 评级制度是由银行的资本充足程度（Capital adequacy）、资产质量（Asset quality）、管理（Management）、赢利（Earnings）及流动性（Liquidity）五项开头字母组成。CAMEL 评级制度的主要目的，是协助监管当局识别较弱的机构，以便加强对有关机构的监管及关注。综合评级分为 1～5 级，数字越大，机构所需的监管程度越高：1 是最高评级，所需的管制程度最低；5 是最低评级，所需的监管程度最高。

同样，BOPEC 由子银行的绩效（Bank subsidiary）、非银行子公司绩效（Other subsidiaries）、母公司绩效（Parent company）、利润（Earnings）和资本充足状况（Capital adequacy）五项开头字母组成，是管制机构用来管制金融控股公司的财务状况，主要的目的是预防金融机构倒闭。

4. 管制机构获取信息方式的局限

管制机构依靠现场检查和非现场审查两种各具特点方式，形成多层次的获取信息的渠道。结合先进的评估方法，管制者能够在监督审查过程中发现银行存在的问题。

但是，管制机构获取信息方式存在一些局限：①无论现场检查或是非现场审查都存在一定时间间隔，在两次检查之间缺乏对银行的有效监督，即使银行出现变化也不能及时发现；②对银行的检查特别是现场检查需要大量对业务精通的检查官，获取信息的能力受到管制者数量和素质的限制；③检查所获得的信息是一段时间以前的信息，即使管制机构利用复杂和先进模型来处理信息，陈旧的信息对当前银行状况没有很好的解释效果；④管制机构的检查可能造成银行正常工作的中断，增加银行市场交易的额外成本。

5.1.3 管制者处理问题银行存在的局限

管制者发现银行存在问题，有权力采取管制措施来处理问题银行。在政府救助机制存在的条件下，市场参与者不能直接决定银行的运行，银行倒闭通常是管制者进行安排。只要管制者希望保持银行营业，银行可以继续发行债务（Maclachlan，2001）。银行业管制建立的目的是减少市场非理性的挤兑造成银行倒闭，这同时也将判断和处置权力转到管制者。具体处理措施的选择引起银行和市场参与者的损失会不同，对相关各方控制风险的激励产生不同影响。以处理倒闭银行为例，不同的处理方式就存在对各方明显不同影响（见表 5－1）。

表 5－1　倒闭银行解决策略和相关者损失

解决方式	持股人损失	债权人损失	纳税人和政府注资	管理者失去工作	雇员失去工作
持股人注资	银行恢复，损失能够弥补	否	否	可能	是，如果持股人希望削减成本
政府注资	很可能	很可能	是	很可能	很可能
并购（M&A）政府出资	部分	可能	是	是	很可能
并购（M&A）私人	很可能	很可能	否	是	是
收购与接管（P&A）	是	是——如果无保险	可能	是	是
清算	是	是——如果无保险	否	是	是

资料来源：Heffernan（2005）。

银行倒闭管制者在处理问题银行方面受到很多批评，管制造成的不利影响也是多方面的，以下主要讨论与市场约束紧密联系的三个方面。

1. **相机选择**

国内一般将“Regulatory discretion”译为管制的相机选择，其实译为管制随意性更加准确。早在20世纪六七十年代，就出现了关于执行货币政策依据规则还是相机选择的广泛争论，处理问题银行与执行货币政策的相机选择问题是类似的。

管制者历来主张有更大的相机选择空间，认为银行出现的问题复杂多样，需要根据具体情况来制订最优解决方案，这样才能达到成本最小化和福利最大化。这种主张很显然有合理性，管制规则无论如何细化和优化，都是需要管制者在动态的变化过程中进行选择和修正。在现有的管制框架下，由于只存在规则和管制者的监督审查，管制者必然需要更多相机选择，确定是否采取措施、采取什么措施、什么时候采取措施。

反对相机选择的理由有很多，但政策的时间不一致性（Time Inconsistency）是一个主要的方面。Kydland 和 Prescott（1977）提出了时间不一致性问题，他们认为，在具有理性预期的情况下，最优政策不是政府在每个时期相机选择的政策，而是一种事先规则，它可以限制未来的政府活动，防止政府改变最初的选择。具体到银行业的市场约束问题，时间不一致性影响银行和市场参与者预期，他们都更加重视管制机构处理银行的方式，而不是银行本身的风险状况。管制相机选择提高了管制约束的不可信性，市场信号将反映投资者对银行风险的评估，还可能反映他们对管制者反应的猜测；银行则会根据以往管制者处理问题银行的案例，争取获得最小成本的处理方式。因此，管制者相机选择的处理方式成为市场参与者和银行在倒闭时的成本决定变量，双方不再关注银行风险状况，从而偏离了保持银行业安全、稳健的目标。

2. **管制宽容**

Kane（1987）将宽容（Forbearance）定义为：“对有理由需要执行的合约没有要求执行。”对银行的管制宽容也就是管制机构采取管制宽容程序来让银行继续运营。

对于宽容产生的原因，Kane（1989）分析了政府官员在运营存款保险基金时面临的激励冲突。基金管理者存在的委托—代理问题没有解决，管理者要回报政治家和那些构成企业最终股东的纳税人，因而管理者有动机隐藏隐形损失。从而管理者的激励产生了一个冲突，面临最大化基金现金流的现值和保护他们个人的声誉和未来的工作前景两者之间的选择。

反对管制宽容的传统理由是道德风险问题，就是有存款保险和有限责任的条件下，如银行资本的净值很低或是负的，允许继续运营可能促使银行冒更高风险。如果他们成功，他们获得全部收益；如果不成功，他们没有受到额外损失。Leggett（1994）对于美国储蓄贷款机构危机的实证研究表明：由于FSLIC无法对所有法定无清偿力机构的有保险存款赔付，从而采取管制宽容政策。由于没有及时解决无清偿力机构，导致了迅速提高的管制成本，这些负担最终由纳税人承担。

同时也有对管制宽容的支持意见，Gissy（2000）认为对宽容的批评忽略了这些机构在宽容的期限内充分改进，能够继续运营或是吸引到潜在购买者，DeGennaro和Thompson（1996）的研究结果显示：40.44%受到管制宽容的机构没有对存款保险机构带来任何成本，延迟解决的策略显著增加了银行恢复正常状况的数量，这种处理方式的成本低于直接关闭的解决方式。

3. 太大而不能倒闭

“太大而不能倒闭”（Too Big to Fail）这个用法源于1984年美国FDIC和美联储援助大陆伊利诺斯银行救助，逐渐成为美国处理大型银行倒闭的一个不成文的规则，直到1991年《联邦存款保险公司改进法案》（FDICIA）才明确放弃了这种规则。“太大而不能倒闭”就是大型银行比小型银行更可能受到政府干预而获得援助，存款保险方案对银行和储蓄机构几乎100%进行了隐性担保，不但包括了有保险存款人，还常常包括其他债权人甚至是股权人。在这种情况下，管制者首先依靠管制机构行动或是其他形式公开援助，无法成功才考虑让银行倒闭。一般都采取收购与接管（P&A）方式来处理问题银行，不良债权和债务由管制机构接管，而优良的债权由其他银行收购，很少采取清算的方式让银行倒闭。这样一来，银行的存款人和债券持有人很可能不会遭受损失，从而也就没有动机来约束银行。

支持观点认为：银行由于过度冒险或是不良管理造成银行挤兑，如果规模小就很容易使其倒闭，而大银行的倒闭可能触发一系列后续银行倒闭，从而整个银行系统崩溃。这种损失远远大于单个银行倒闭的损失，不让大型银行倒闭能够减少负外部性，从而最小化银行倒闭引起的社会成本，而不单单考虑与银行有直接联系的市场参与者。

反对观点认为："太大而不能倒闭"实际并无助于减少银行倒闭成本，反而鼓励大型银行的过度冒险，导致了大型银行和中小银行的不公平竞争。"太大而不能倒闭"等于对大型银行提供了政府的信用支持，银行倒闭和无保险索偿权人损失之间的联系因此受到了削弱，市场信号受到扭曲而不能有效反映银行风险，导致对管制者使用市场风险信号造成潜在问题。极端形式下，如果无保险债权人持有者相信政府救助会完全保护他们，他们将像有保险存款人那样行动并且根本不监督银行状况。这样一来，一些无保险的债权人更加倾向于选择大型银行，基本实力很好的中小银行资金来源会受到明显的不利影响。

"太大而不能倒闭"与市场约束之间有明显的联系，放弃这种政策能够增加市场约束的效果。Flannery 和 Sorescu（1996）提供证据指出：银行投资者明显将推测的政府担保的价值置于债券价格之中，由于这些担保的强度随着时间发生了变化，债券价格变得能够反映单个发行银行的专有风险。

这一节的研究能够看出管制机构的监督审查存在一些问题，这些是由管制约束的本质特征决定。虽然技术进步和管制程序的优化能够改进管制方式，但管制者在金融交易中的地位和激励结构不能发生本质的改变。因此，需要市场约束来补充管制约束。

5.2 市场信息对管制信息的改进

如果将市场信号融入到管制过程，一方面需要考察市场信号对银行的评估是否准确，市场参与者发现银行状况的变化和风险暴露是否比管制者更快；另一方面，管制者是否将观察到的市场信息考虑到政策的决策当中，如果采取将是在什么程度上采用。管制约束中采用市场信息有两方面的积极意义，一方面是增加约束的准确性和减少失误带来的损失，另一方面是约束管制者的道德风险。

5.2.1 两种风险信号的约束模型

Evanoffand and Wall（2002）提出了一个存在两种信号的约束模型，目的是考查如何设定规则使对银行错误约束导致的成本最小。

假设银行的质量存在两种类型 $Q \in \{H, L\}$，L 是质量低和应该被约束的类型，H 是质量高而不应该被约束的类型。假设银行是有清偿力的，约束 H 型会产生第一类错误，产生的总社会成本为 T_1；没有约束 L 类型银行会产生第二类错误，产生的社会成本为 T_2。

银行的类型是不能够观察的，但是管制者通过检查可以获得银行质量的信号。信号分为三种类型：$R \in \{A, B, C\}$，信号 A 代表类型 H，C 代表 L 型，信号 B 表示只知道银行有概率 q 为 H 型和概率（$1-q$）为 L 型。

第二个银行质量的信号 IS 也能够观察到，$-\infty < IS < \infty$，银行可能是高质量的概率为 p（$H \mid IS$），可能是低质量的概率为（$1-p$（$H \mid IS$））。

在没有代理问题和存在其他信号的情况下，管制者的决策为：当信号为 A 时，从不约束银行；当信号为 C 时，总是约束银行；当信号为 B 时，只有当 $qT_1 <$（$1-q$）T_2 时才约束银行。

如果有另一个信号 IS 可以用来减少不正确约束银行社会成本，就是将 IS 融入约束过程，将出现一个采取约束行动（例如 PCA）的触发点 t，就是所有 IS 低于 t 都将被约束，另外高于 IS 且为 C 型的也将被约束。这种情况下，将解决 t 值时约束所有银行的最小成本：

$$\min_t SC = \int_{-\infty}^{t} T_1 p\,(H \mid IS,\ R=B)\,dIS + \int_{-\infty}^{t} T_2\,(1-p\,(H \mid IS,\ R=B))\,dIS$$

可以选择最低成本战略是：①从不约束所有类型 A 的银行；②约束所有类型 C 的银行；③只约束类型 B 且 $IS > t$ 的银行。

5.2.2 市场与管制信息比较

采用信息之前需要比较和筛选，Pop（2004）将其归结为市场和管制者“谁知道（银行）什么时间在做什么？”（Who Knows What and When?）要研究两者的相互补充，必须明确两者是否反映了银行风险变化的实际情况，还要明确哪一些信息质量更高。

关于市场信息和管制信息哪一个更好，一些实证研究支持市场信息更加有效。Pettway（1980）的研究显示银行股权资本的收益率对倒闭的潜在危险敏感，相对于没有倒闭的银行，倒闭银行的市场收益率在倒闭前发生明显变化，市场信息在银行管制中非常有用。Cole 和 Gunther（1998）发现虽然CAMEL 评级包含了有用的信息，但是会迅速减弱。对于 1988—1992 年时期，他们发现 CAMEL 评级的数据在两个季度之后，统计模型使用公开可以获得的金融数据，比 CAMEL 评级能更好地反映银行风险。Evanoff 和 Wall（2001）等发现市场信息不但提供许多关于银行风险的有用信息，而且还包括了管制者没有掌握的信息。

一些实证研究显示市场信息并不比管制信息更加有效，Simpson（1983）发现资本市场没有在现场检查以前发现银行金融状况恶化的信息，金融市场不是比现场检查更优的监督方式。一些实证研究支持管制信息更加有效，De Young、Flannery、Lang 和 Sorescu（2001）考察是否对大银行的检查提供市场价格没有反映的信息，发现官方检查产生了新的、与价值相关的信息，而债券价格没有反映这些信息。

有些研究发现两者能够相互补充。Berger、Davies 和 Flannery（2000）通过考察是否管制者收集的关于银行控股公司的信息与金融市场使用的不一致，所做研究发现管制者检查信息和评级机构的评级信息相互补充，但与股票市场反映的信息不同。管制者和评级机构（代表债券持有人）对银行的关注目标一致，比股票市场对违约可能性更加有兴趣。

从上述分析可以看出，管制信息和市场信息都可能更早发现银行问题，上一节的理论分析和已有的实证研究提示市场信息和管制信息应该相互补充，而不是单独依赖一种而偏废另一种。虽然在信息筛选上可能需要增加成本，但是这样会减少采取错误约束措施造成的更大成本。

同样，管制信息也应该可以补充市场参与者的信息。但是，一般管制者不向市场披露 CAMEL 的评级结果，学者从事研究也只能获得多年以前的数据。管制者不愿意披露当前 CAMEL 评级，是因为他们害怕负面的评估会使银行遭受更大的损失，市场参与者获知信息后会采取严厉的行动，一些潜在但能够避免的危险会演变成真实的银行业危机。

5.2.3　融入市场信息的监督审查程序

通过理论分析和实证证据比较，在管制约束的监督审查中融入市场信息是可行的，具体的程序可以进行如下的设计（见图5－1）。

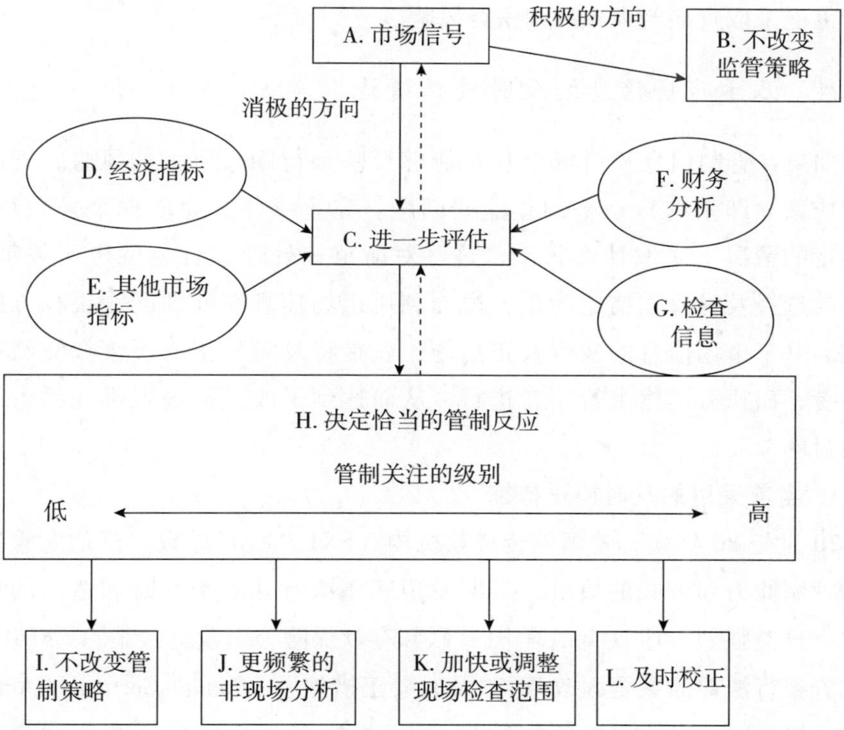

图5－1　融入市场信息的监督审查程序

资料来源：根据Burton，Seale（2005）修改。

- AB：对于原本认为健康的银行，市场信号可能反映了银行风险状况向积极的方向变化，管制机构对这些银行不用采取约束。
- AC＋DC＋EC＋FC＋GC：如果是消极信息，银行需要进一步评估才能对银行状况变化做出最终判断。影响银行状况变化的因素是多种多样的，管制者也有多种获得信息的渠道，需要综合这些方式才能够确定银行状况恶化的原因。

• CH：对各方面的信息的分析、评估，管制者根据信息确定对银行采取的相应反应。低的危险级别可以不采取措施或是进行更多的非现场分析，进而可以增加现场监管的频率和力度。如果银行的状况已经接近无清偿力，需要采取及时校正措施甚至是关闭银行。

• HC + CA：管制机构的评估和行动能够反过来影响市场信号，市场参与者可能采取直接约束来控制银行风险。

5.2.4 基于市场信息的及时校正措施

如果在管制信息和市场信息都能够反映银行隐藏巨大的风险，管制机构就应该立即采取行动来纠正这些问题。究竟以什么为依据来采取行动，在特定的情况下采取什么行动，这些对防范和处理银行业危机至关重要。以下就选择及时校正措施为例，说明利用市场信息在处理问题银行方面的补充。基于市场信息的及时校正措施，就是将及时校正的决策权交给市场参与者，而执行仍然由管制者进行，从而达到了改进措施效果和约束管制者的目的。

1. 当前采用的及时校正措施

20世纪80年代，美国储贷贷款机构（S&L）危机导致广泛的对管制机构的管制能力和方式的质疑，早期发现问题银行并给予及时和适当的处置的呼声日益强烈。1991年，美国《联邦存款保险公司改进法案》（FDICIA）标志着银行法律体系全面改革，“及时校正措施”（Prompt Corrective Action，PCA）就是该法案的重要组成部分，这项措施贯彻了FDICIA主张“最小化解决倒闭银行成本”的理念。美国的“及时校正措施”是一个预先设立的及时和自动的管制行动的触发机制，根据银行自由资本比率定义了一系列的触发点（Trigger Points），设置的相应惩罚强度依次递增采用的强制措施，分为必须采取的“强制性措施”和可以根据情况自由选择的“选择性措施”，包括限制存款利率、取消经纪人存款、限制资产增长、限制内部关联交易等，见表5-2。

表 5－2　　　　　　　　美国的及时校正措施

	强制性处分措施	权宜性处置措施	资本比率		
			风险基准总比率	资本比率第一层次	杠杆比率第一层次
1. 资本完善 Well Capitalized			≥10%	≥6%	≥5%
2. 资本适足 Adequately Capitalized	不得吸收 FDIC 批准以外的经纪存款（Brokered Deposit）		≥8%	≥4%	≥4%
3. 资本不足 Under－Capitalized	1. 禁止配发股利和管理费 2. 需要拟定资本恢复计划 3. 限制资产的增长 4. 限制存款利率 5. 限制高级主管薪酬	1. 资产重组 2. 限制集团内部交易 3. 限制存款利率 4. 限制某些特定活动 5. 从事其他可以更好执行及时修正法案的业务	<6%	<4%	<4%
4. 资本严重不足 Significantly Under－Capitalized	1. 同第三级措施 2. 资产重组 3. 限制集团内部交易 4. 限制存款利率 5. 限制高级主管薪酬	1. 所有第三级权宜措施 2. 如果不能提交或是按计划履行重组计划，则对银行进行破产财产管理或是接管 3. 如果及时校正法案认为必要，则执行第五级强制措施的任意一项	<6%	<3%	<3%
5. 资本危急 Critically Under－Capitalized	1. 同第四级措施 2. 90 天内实行破产财产管理或接管 3. 如果连续四个季度未跳出第五级则被接管 4. 停止支付次级债务 5. 限制其他特定活动				<2%

资料来源：王（2005）。

日本、韩国等国也纷纷效仿美国的做法，参照美国的模式建立了“及时校正措施”，许多发展中国家也采用这种措施来处理问题银行。从 1998 年 4 月开始，日本实施金融机构的“及时校正措施”，以自有资本和不良贷款为指标，将贷款分类为“正常债权”、“要注意债权”、“有破产疑虑债权”及“不能回收债权”四级，根据不同状况对银行采取相关的必要措施。

2. 基于市场信息的及时校正措施

及时校正措施的目的就是限制管制相机选择，有效结束长期的资本充足管制的宽容。Benston 和 Kaufman（1998）主张政策的优势有四方面：第一，减少对健康、资本充足的机构的管制负担将提高金融部门的效率；第二，启动对状况恶化的企业的管制干预，通过施加更多的市场约束将减少存在于存款保险中的冒险动机；第三，将金融状况直接与管制反应联系在一起，将结束“太大而不能倒闭的”的管制宽容；第四，迫使管制者达到或是接近无清偿力时关闭机构，将减少无保险存款人和联邦存款系统的成本。

虽然及时校正措施的积极作用已经得到广泛的重视，但是这种政策如何最优设计却是存在很大的难度，有许多研究质疑这种政策是否有效，其中的焦点就是触发点的设计问题。Jones、King（1995）和 Gilbert（1992）的研究表明采用的资本门槛设置太低，结果对银行业危机根本不起作用。资本作为触发器还存在一个重要的问题是采用资本账面价值而不是市场价值，包括了两个严重的缺点：①资本测度中使用的是通常接受的会计准则（GAAP）价值而不是经济价值；②会计价值的准确性由个体银行的管理者和管制者确定（Wall，Eisenbeis and Frame，2005）。

采用对风险更加灵敏的市场信号是一个可供选择的方式，这些价格的变化能提供更加及时和准确的关于银行风险的市场评估，包括 CD（Gilbert，Meyer and Vaughan，2002）、次级债（Evanoff and Wall，2000）。作为管制行动的触发器，市场信号可以基于标准财务（accounting - based）触发器的补充（见图 5 - 2），与资本充足率等财务指标相互配合而组成“双信号”的触发机制。

由于市场信息的来源多种多样，需要选择优质的信息作为触发器。在第 4 章的分析中已经提出次级债持有人在激励结构方面适合作为约束主体，使用次级债利差作为市场定价（Market - Priced）的触发器的优势有：①在正常

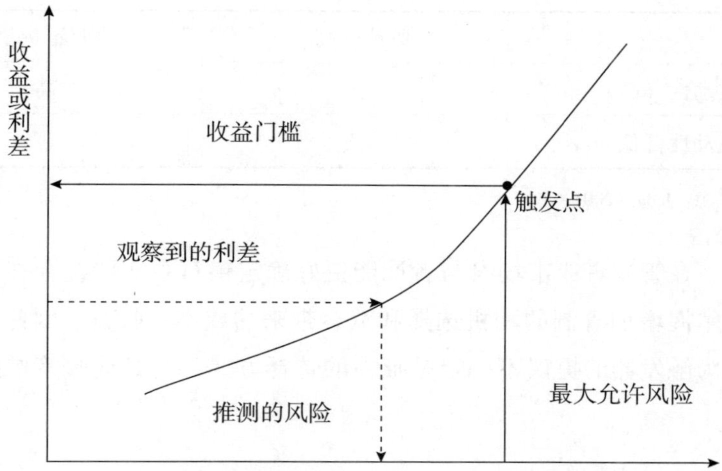

图 5-2　市场信息作为触发点的及时校正措施

资料来源：Bliss（2001）。

情况下，次级债市场利差是市场参与者容易观察到的指标；②次级债信息是对银行的金融工具现值的评估，而不是依靠财务规则；③由于次级的索偿权地位，次级债信息主要反映银行风险状况，受到其他的市场噪声较少。Kwan（2002）则提出了股票相对于债券在提供信息方面有两个优势，第一个优势是数据容易获得。当前，银行公开发债的数量，包括次级债和定额存单（CDs）比公开发行股票的数量要相对小。第二个优势是数据的质量。因为银行股票市场比债券市场更具流动性和拥有更多的职业分析师，股票信息比债券更能反映银行专有信息。因此，根据数据的易获得性和数据质量，股票明显比债券更好提供市场信息。

选择市场信息不但要考虑来源，还要对市场信息进一步筛选，剔除噪声大而且不明确的信息。Ieda（2001）提出了一个股票市场信号选择的矩阵，他选择了波动性和股价两个因素综合判断银行风险状况，其中两种情况是可以作出明确判断，两种情况是无法明确判断。其他类型的信号也类似（见表5-3），例如，如果次级债利差很高而流动性很差，也不能够判断银行风险高，因为价格当中包括了流动性溢价因素。因此，与管制信息一样，市场信息需要全面分析和选择才能采用，虚假或是不充分的信息都会影响约束效果。

表 5－3　　股票价格信息与银行违约的可能性

	股价（高）	股价（低）
波动性（高）	?	高
波动性（低）	低	?

资料来源：Ieda（2001）。

虽然，在管制者或市场参与者谁能更好确定银行真实状况存在争论，同时也很难掌握增加管制的相机选择和宽容带来的成本、收益。因此，采取市场信号作为触发器的提议不一定是唯一的选择方式，与其他政策措施配合会更为有效。

5.3　管制政策对市场约束的改进

由于银行业受到严重管制，政府的政策对市场约束有显著影响。这种政策的作用常常是不确定的，许多政策的目标是促进市场约束，但是实际的效果还需要进一步探讨。

5.3.1　改变市场参与者的索偿权地位

由于市场参与者在银行倒闭时遭受的损失不同，他们对银行施加约束的程度也就不同。因此，通过改变市场参与者的索偿权地位，可以改变各种类型参与者的约束动机，其中典型的例子就是存款人优先（Depositor Preference）政策。

1993 年，美国通过了综合预算调节法案（The Omnibus Budget Reconciliation Act），国民银行存款人优先法（National Depositor Preference Law）是其中的一个重要组成部分。在此之前，美国部分州已经对州立银行和存贷机构实行这项政策，一些研究在 1993 年以前就已经开始关注这项政策。除了美国以外，瑞士、阿根廷、马来西亚和中国香港等国家和地区也在立法中确定了一些形式的存款人优先条款。

在存款人优先法通过之前，所有的一般债权人的索偿权是一样的。这项法律改变了清算银行资产的索偿权顺序，各种索偿权人的顺序变成了如下状况（Marino，Bennett，1999）：

- 接受者的管理费用；
- 抵押担保的索偿权；
- 国内存款，包括有保险和无保险；
- 外国存款和其他一般债权人的索偿权；
- 次级债持有人的索偿权；
- 持股人的索偿权。

这项法律将国内存款的索偿权置于优先于外国存款和其他一般债权人，当时立法的目的是使国内存款人更大可能在资产清算阶段获得赔偿，从而减轻了存款保险机构面临的潜在损失，将存款保险机构和纳税人的负担更多地转向了无担保的债权人。这些目标都是建立在国外存款人和一般债权人不会做出应对措施的静态假设之上，和其他政策一样，这些投资者对法律的反应会改变预想的结果。

无担保的债权人在银行倒闭时可能面临更大损失，从而给予这些市场参与者更大的激励来控制银行冒险行为，这是一种积极有利的反应。无保险债权人受到了明显的影响，对于购买美国市场上大型定期存款（CDs）外国持有者，他们的索偿权要低于美国国内的持有者，由于面临更大的风险暴露而需要更加关注银行风险变化，他们会要求更高的风险溢价或是减少这些金融工具的持有数量。相反，美国国内的存单持有者得到了更多损失缓冲，可能减少对监督银行风险的力度。对有保险存款人的激励没有改变，他们的存款在不存在存款人优先法之前也受到存款保险的保护。

无担保债权人除了控制银行倒闭风险来减少损失，还可以通过一些方式改变索偿权的位置，同样起到减少自身损失的作用。主要的方式就是将一般索偿权转换成有抵押索偿权，根据索偿权的优先等级，这类索偿权会比存款更优先获得赔偿，从而降低了在银行倒闭时遭受损失的可能。这样不但不会实现政策制定时的积极设想，还会产生一些相反的不利影响。不但不能有效激励这些投资者约束银行冒险，还会增加存款保险机构和纳税人的损失，因为有更多的一般债权人变成了优于存款人的有抵押的债权人，反而降低了存款人对资产清算索偿的优先权。

这实际上就是政策执行过程中常见的时间不一致性的问题（Time inconsistency），由于政策对象理性预期和采取对策，事前的规则往往达不到预期的效果。Kaufman（1997）认为这项政策长期的结果是不确定的，自然的相互反应过程使最终会使结果变得更加复杂，结果的连锁反应是 Edward Kane 所说的管制辩证法（Regulatory Dialectic）的一个很好的例子。

一些研究也从理论和实证角度进行研究，提出了存款人优先法带来的影响。Marino 和 Bennett（1999）研究发现存款人优先法改变市场参与者的行为，无保险存款人和无担保债权人对银行风险更敏感，他们希望更早的关闭银行，损失由外国存款人和其他债权人承担，而他们能够获得银行清算赔偿。这一研究是支持存款人优先法促进市场约束，还有一些研究则对这项政策提出了负面的证据。Hirschhorn 和 Zervos（1990）对 1987 年美国存贷保险公司（FSLIC）保险的存款机构进行实证研究，发现存款人优先法明显增加了有抵押索偿权的数量，还明显减少了无担保存款人的利率，这是由于无保险存款人减少索要银行风险溢价。Osterberg（1996）对美国商业银行的研究也得出了与 Hirschhorn 和 Zervos 相似的结论，虽然银行的资产组合的构成变化不明显，但是存款人优先法通过以后的银行倒闭的成本高于此前银行倒闭的成本，他认为明显是联邦基金和表外业务等非存款人债权的变化导致了这种状况。

从上面分析可以看出，改变市场参与者的索偿权地位能够将一般存款人和专业投资者明显区分，有利于激励专业投资者更充分地发挥市场约束作用。这一点与强制发行次级债的政策是相似的，但是并没有创造新的市场参与者。但是，从美国的存款人优先法的实施来看，存在着政策时间不一致性的问题，这提示外部给予的制度安排没有有效的设计。要想令市场约束机制有效发挥作用，需要市场双方交易过程中的内生合约安排。

5.3.2 更加充分的强制信息披露

由于银行业与一般工商企业存在巨大差异，特别是更严重的信息不对称使银行业的信息披露要求更高和更加复杂。只有及时和准确地获知信息，私人市场参与者才能正确的对风险定价，管制者才能决定是否及早采取行动化解风险。

新巴塞尔协议虽然将市场约束作为第三支柱，但是内容只涉及了信息披露方面的内容。BIS（2004）提出通过建立一套披露要求以达到促进市场约束的目的，披露要求将便于市场参与者评价有关适用范围、资本、风险、风险评估程序以及银行资本充足率的重要信息。新巴塞尔协议对银行财务信息方面的披露规则是比较详尽的，但是还有一些重要的方面没有涉及。梅斯、海尔姆和柳克西拉（2001）进而提出了银行信息披露更全面的框架，银行业的信息披露还应重视以下三个方面。

第一，关联交易以及与其他任何利益集团的关系的信息。对于所有权和控制权分离的现代企业，大股东和管理者是企业实际控制者，他们通过关联交易可以侵害小股东的利益。银行业具有高杠杆比率，所有者有动机通过关联交易来侵害债权人的利益。银行对关联企业的担保、授信都会造成财富向关联方的转移，关联方涉及了银行主要股东、管理者和他们密切的利益相关者。

2007 年 1 月，台湾力霸集团旗下中华银行发生严重挤兑，5 个工作日内挤兑了 500 亿新台币现金，中华银行的倒闭暴露了违法关联交易带来的严重危害。力霸集团向中华银行贷款的金额高达 200 亿新台币以上，力霸集团再把劣质资产当做优质资产向中华银行进行抵押，最后以超额数倍甚至十倍的离谱估价贷出现金。而中华银行在核贷的过程中，明知担保品不足，却仍不实授信协助集团公司顺利取得放款资金。从中华银行的事例可以看出，关联交易信息披露对发挥银行业的市场约束非常重要。

对于关联交易信息披露规则设计，可以借鉴美国联邦储备法第 23A 条的规定（Relations with Affiliates）[①]。应该包括：①银行的交易关联方及相互关系；②银行与单个关联方之间的交易额与银行资本之间的比例；③银行与其所有关联方交易总额占银行资本比例；④关联交易所涉及的资产的质量；⑤银行从事的关联交易对银行稳健经营的影响；⑥对于每一项贷款、担保、

---

① 资料来源：美联储网站 http：//www. federalreserve. gov/generalinfo/fract/

承兑、信用证等信用支持，关联方向银行提供抵押品的质量。

第二，银行决策者的品质和声誉的信息。市场约束的目的是控制银行决策者的道德风险，银行决策者的品质和声誉的信息就成为市场参与者参考的重要指标。品质决定了决策者的风险偏好和领导风格，相当数量的文献研究反映了决策者的品质对企业发展的重要作用①。声誉是显示风险偏好的重要指标，是显示决策者品质和企业经营能力的信息集合。Fama（1980）做了经理人市场的开创性研究，认为管理者工资的修正过程由过去的绩效决定，经理人市场声誉激励经理人改进工作。上述分析的前提是信息完备，信息条件对实现最终的结果至关重要。

在世界著名的银行倒闭案例中，有众多决策者个人过度冒险造成问题发生的例子。1995 年，英国著名的巴林银行（Barings）倒闭，直接原因就是巴林银行新加坡分行的里森超越权限进行大规模投机交易，其中的日经 225 指数期权和期货交易出现巨额亏损。新西兰为了限制决策者的过度冒险，鼓励银行任命独立董事，独立董事不仅业务精通而且声誉良好，通过名誉惩罚和建立及早发现制度，来减少“孤注一掷”策略（梅斯、海尔姆和柳克西拉，2001）。

对于银行决策者的品质和声誉信息披露的内容，应该包括董事和高级管理人员的专业背景、从业经验、奖惩记录以及薪酬状况，市场参与者可以参考同业和第三方机构（如媒体）的评价来得出综合的判断结果。

第三，独立机构对银行评价的信息。除了交易双方以外，还有审计和评级机构对银行运营和风险的状况进行评价，这些信息也应该在银行信息披露报告中全面公布。银行自身所作的资本和风险等信息评估可能存在一些错误，一方面可能由于过程中的疏漏和失误，另一方面可能是银行故意隐瞒不利信息，需要独立机构对银行披露的信息的补充和纠正，使信息能够更加真实地反映银行的状况。

2001 年，美国著名能源企业安然公司由于财务造假而倒闭。世界著名会计师事务所安达信承担安然公司审计工作，安达信协助造假，涉嫌故意销毁

① 参见黄彦邦（2005）的相关文献综述。

数千份有关资料，在2002年宣布倒闭。国内有报道提出谁来监督“安达信”的问题，一些经济学家提出建立对“评估机构的评估机构”，这种链条越长会造成成本越来越高，信息的扭曲越来越严重。解决这一问题的更好办法就是市场约束，更多信息披露不但有助于市场参与者约束企业，同时也能约束独立机构。安然倒闭以前就有许多市场参与者提出质疑，2001年年初，一家位于纽约对冲基金公司——基尼科联合会公开对安然的赢利模式表示了怀疑。2001年5月，美国《财富》杂志发表了一篇题为《安然股价是否高估》的文章，指出安然的财务有“黑箱”。这些发现的线索都来源于企业的信息披露，即使有会计师事务所协助造假也不能掩盖真相。

虽然安然不是银行，但独立机构对银行评价信息的披露的重要性是相同的。审计机构对银行财务信息存在的错误必须明确说明，以及审计信息的相关的支持证据，同样，对于信用评级的变化及其原因也应详细说明，评级机构应该包括多家权威机构，便于市场参与者进行分析和比较。

5.3.3 完善金融基础设施

1. 金融基础设施问题解析

2006年，巴塞尔银行监管委员会发布了最新《有效银行监管核心原则》，其中提出了有效银行监管的四项先决条件，完善的金融基础设施（Financial Infrastructure）就是其中之一。

Moskow（2002）将金融基础设施定义为支持金融市场和金融中介有效发挥作用的法律、管制和会计制度。Amable 和 Chatelain（2001）认为金融基础设施与一般基础设施（如道路、通信）的区别在于它们的使用目的，金融基础设施的目的是降低金融交易的成本。因此，金融基础设施可以被认为是提高金融中介效率的一系列制度安排。

《有效银行监管核心原则》认为金融基础设施包括以下六个方面内容：①有助于公平解决争议的长期实施的商业法律体系；②国际普遍接受的综合、明确的会计准则和规定；③对规模较大的公司进行独立审计的体系；④有效独立的司法部门和接受监管的会计、审计和律师行业；⑤具备针对其他金融市场以及在适当情况下这些市场的参与者的明确规章制度和充分的监督；

⑥安全、有效的支付和清算系统。BIS 上述的六个方面实际可以归结为普遍接受的法律、管制和会计制度三个方面，其中管制问题在论文其他部分有详细论述，这一节主要探讨法律和会计制度对改进市场约束的作用。

2. 会计基础设施与市场约束

会计方面的相关规则不但应包括一般会计准则，还应包括不良贷款分类和资本充足率等专有规则。规则制定的目的是对银行财务报表的呈报做出规范，便于相关各方比较各银行之间的绩效差异，使市场参与者对银行基本实力状况做出准确判断，财务报告的可信程度对市场约束有效运行至关重要。

在不同规则下，数据反映的银行基本实力与风险状况不同，直接影响市场参与者对银行采取约束措施的强弱程度。以不良贷款分类为例，2002 年年末，我国四大国有银行不良贷款率按四级分类标准为 21.4%，按五级分类标准则是 26.1%。不同分类下的贷款潜在损失不同，直接影响资产损失准备金计提和损失类资产核销。

为了有利于市场约束发挥作用，相关规则必须明确反映银行基本实力且有可比性，需要保证规则的统一、稳定和相互协调。在统一性方面，世界各国的会计标准存在一些差异，但仍然存在最广泛认同的权威标准。例如，国际会计准则（IAS）已经获得了发达国家银行和监管部门的广泛应用，在银行业推广国际会计准则已经成为一项重要工作；在稳定性方面，相关规则不应在短时期内频繁、大幅变动，在逐步优化的同时应保持规则的连续性。企业基本实力指标单纯因为规则变化而巨幅变化，不利于市场参与者对企业真实状况做出明确判断和采取约束措施。例如，截至 2008 年 3 月 28 日，中国已披露年报的 727 家上市公司净利润同比增长 42.31%。新会计准则引入了公允价值计量模式，导致部分上市公司净利润和净资产出现波动；在相互协调方面，相同财务问题可能存在不同规则之间的重叠，例如上市银行受到一般会计规则和证券交易规则的双重约束，需要注意相互之间是否存在矛盾。我国贷款损失准备相关规则就存在差异，银监会要求按贷款分类乘以比例计提，而会计准则要求按现金流折现计提等。新巴塞尔协议对第三支柱与会计规则直接的差异进行专门说明，认为只是会计原则涵盖银行资本充足率以外的更广范围，两者在原则方面没有本质的差异。

3. 法律基础设施与市场约束

与银行业市场约束相关的法律不仅限于银行法和银行监督法，而广泛涉及有助于公平解决争议的商业法律体系，其中包括公司法、破产法、合同法、消费者保护法和私有财产法。完备的法律体系是形成良好法律基础设施的必要而非充分条件，法律执行效率是另一个重要条件。

良好的法律基础设施对改进市场约束有积极作用，对市场参与者和银行的激励结构都有直接影响。公司法和私有财产法等法律有利于银行的产权明晰，也明确了债权人和股权人的权利和责任，保护中小股东和债权人利益是一般公司法中重要的原则。合同法则是保证金融合约能够以最低成本履行的重要依据，债券和股票等发行和交易都要受到合同法的约束。破产法决定了银行倒闭时相关各方的债权和债务责任，市场参与者的损失程度直接决定了他们约束银行的激励。

法律执行的效率对市场约束的影响也很重要。司法应该具有独立性而不受政治等其他力量的影响，案件的审判需要客观公正和严格，从而保证银行冒险的负外部性能够完全的内部化，相关各方的边际成本与边际收益能相符。郎咸平（2005）认为：1929 年前的美国股市有着大量的不正当交易和违规操作，造成了美国股市的大崩盘和美国经济大恐慌，正是严刑峻法拯救了美国股市。

总之，完善的法律体系有利于降低市场参与者控制银行冒险的交易费用，债权人和股权人等的权利能够得到保障，银行冒险行为能够被法律明确禁止。郎咸平认为公正的游戏规则是企业建立信托责任的基础，本书认为这种观点也适用于市场约束，公正的游戏规则是银行建立信托责任的基础，也是市场参与者约束企业的基础。

5.4　本章结论

本章研究显示管制约束和市场约束在多个方面都可以相互补充，有理论和实证证据证明两者结合有利于改进单一约束。

管制约束和市场约束获得信息和惩罚银行的方式存在差异，将市场信息融入管制过程，市场信息能够增强管制机构识别银行风险的能力，减少管制约束失误。管制机构依据市场信息处理问题银行，市场信号作为及时校正机制的触发器，可以减少管制宽容和相机选择等带来的不利影响，从而起到约束管制者的作用。

管制者可以采用一些政策措施改进市场约束，这些措施的作用就是完善实现市场约束的条件，增强市场各方控制风险的激励和减少市场约束成本，改变市场参与者索偿权地位等政策都能改进市场约束，但是政策的设计需要更加合理才能够避免不利影响。

6 银行业市场约束的国外经验

从银行业发展的历史和当今世界各国发展现状来看，市场参与者与银行之间利益分配的相互博弈从来都没有停息，无论银行业危机，还是相对稳定的阶段都能发现市场参与各方力量的此消彼长。市场约束与管制约束一样，都是对银行冒险行为和银行业危机的反映。因此，理论研究应该通过实践进行分析和验证。尽管各国的制度和技术环境存在差异，许多国家银行业选择不同的模式和发展路径，但其他国家的经验总结和比较仍然具有重要的借鉴意义。

由于各国银行的财务制度和统计方式存在重大差异，各个国家的数据间缺乏可比性。因此，本节的研究没有采用经济计量的方式，而是采用了案例研究。选择的 17—18 世纪的苏格兰、泡沫经济破灭后的日本、苏联和东欧的转型国家都是特点鲜明的案例，相互比较与综合分析能够提供比较全面的经验借鉴。

6.1 苏格兰自由银行业市场约束——历史的视角

从 18 世纪到 19 世纪，苏格兰银行业获得了蓬勃的发展。普遍认为，从 1695 年到 1845 年把苏格兰银行业这段长达 150 年的时期称为“自由银行”时期。

虽然 200 年前的苏格兰不能直接想到今天的新兴市场国家，但是与当前发展政策非常相关。初始条件和面临的挑战在许多发展中国家并存。特别是他们有六个共同的条件：与工业化国家相比较低水平的人均 GDP，金融合约中法律的不确定性，缺少金融服务的经验，国际贸易的重要性，临近金融中心的优势，战争等因素引发的重大宏观经济震荡（Kroszner，1995）。

19 世纪苏格兰自由银行的经验为当代政策制定者提供了许多有益的启示，自由银行制度一直是众多研究用来解析问题的钥匙。发达国家和一些发展中国家正试图参考自由银行的模式，建立相对更少管制的银行体系。这一节的目标就是以苏格兰自由银行为案例，在自由银行时期相对无政府管制的条件下，考察市场约束发挥作用的机制和效果，从而得出一些经验和启示。

6.1.1 自由银行业

关于自由银行业（Free Banking）没有十分明确的定义①，通常指 19 世纪出现的相对自由放任（Laissez - faire）的银行体系。Schuler（1992）的观点具有代表性，“自由银行”意味着银行系统有竞争性的银行券发行，法律上规定的进入障碍低，没有储备的中央控制，很难说增加限制和相对自由就使银行体系不自由。Sechrest（1990）在总结相关文献的基础上提出了“纯”自由银行制度（A “pure” free banking regime），包括：①没有政府限制银行进入、退出；②没有政府对银行券和存款账户限制；③没有中央银行；④没有政府存款保险；⑤没有准备要求；⑥没有最小资本要求；⑦没有分支行限制；⑧没有业务活动种类限制；⑨没有利率控制。自由银行是没有中央银行和其他金融或货币管制者的系统，没有政府干预，从而让金融机构自由运作，只受到市场力量和“正常”商业及合同法律规则的约束（Dowd，2002）。

在长达一个多世纪的自由银行时代，自由银行在世界各地广泛存在。Schuler（1992）发现有 60 个相对自由银行系统的案例，1884 年之前的苏格兰、南北战争之前的美国、革命时期的法国和中国清朝时期的自由银行都获得了广泛发展②。

20 世纪 70 年代末和 80 年代初，关于自由银行领域的研究不断涌现，逐步形成了现代自由银行学派（The Modern Free Banking School）③。White（1984）、Selgin（1988）等通过对历史案例的研究，主张自由放任环境的银行

① White（1990）认为没有准确定义是关于自由银行研究的一个弱点。

② 案例参见 Dowd（1992）。

③ 详细的研究综述参见 Gedeon（1997）。

业保持了良好的绩效和稳定，政府对金融部门的干预是没有必要的。关于自由银行的研究一直存在着诸多争论，例如 Sechrest（1988）等对 White（1984）的观点提出针锋相对的批评。

当前，银行体系出现的诸多严重问题，促使经济学家考虑如何重新设计银行制度，虽然目前没有完全放松管制的银行体系，但是自由银行提供了一个可以参考的模式（Gorton，1985）。

6.1.2 苏格兰自由银行的发展与稳定①

苏格兰的第一家银行是苏格兰银行（Bank of Scotland），1695 年，苏格兰银行从苏格兰议会获得执照，这个执照授权有限责任和在苏格兰垄断发行银行券直到 1716 年。苏格兰银行不是国家银行，执照禁止向政府贷款。1727 年，苏格兰皇家银行成立。由于竞争导致了一些主要银行的创新，1728 年苏格兰皇家银行开设了现金信用账户，让个人借款而不需要他们的抵押品。同年，苏格兰银行开始对存款提供利息，也引入了自己的现金信用账户。经过这些创新，于 1730 年引入了选择条款来保护他们不受突然要求兑付。1746 年，不列颠亚麻公司获得执照，建立初期是为了促进亚麻贸易。这个银行也采用了在银行券合约中加入选择条款来保护流动性。小面额银行券和选择条款在 1765 年被议会法案取缔。从此，苏格兰银行业不再完全“自由”。

苏格兰系统的稳定通过埃尔银行（Ayr Bank）倒闭的事件来说明，这些银行的管理者从事贷款业务的过度扩张并很快遇到了严重的困难，于 1772 年也就是开业三年后倒闭。公众没有受到倒闭的损失，所有债权人最终都得到了赔偿，公众的不便被苏格兰银行和皇家银行以票面价格接受 Ayr 银行券的政策来减少，他们也通过这个来吸引更多存款和让他们的银行券更多的流通。他们的倒闭使银行所有者遭受严重的损失（他们对所有债务有责任），一些小银行流通他们的银行券，主要银行受到很小损失或者没有受损失，这是在自由银行时期最严重的银行倒闭事件。

White（1984）进一步提出了苏格兰银行体系比英格兰的银行体系更加稳

① 苏格兰自由银行的演进历史参考 Dowd（1989）和 Selgin（1988）等。

定的证据，在1809—1830年期间，苏格兰银行体系中的倒闭率是年平均0.4%，而英格兰银行体系中的倒闭率是年平均1.81%。估计公众的相对损失，苏格兰的银行到1841年的损失总计32000英镑，相比较伦敦的银行损失是这个数字的两倍。对于White的研究引发了许多质疑，例如Sechrest（1988）指出苏格兰和英格兰的情况差别不大，从1772—1830年这个时期来看，苏格兰地区银行倒闭的比例是1.33%，而英格兰地区是1.41%或是1.81%。

对于苏格兰自由银行稳定性的考察，不仅局限于对倒闭及其损失的考察，效率的改进和企业家才能的提高等都有利于稳定性的改进。历史经验表明：自由银行系统是有效率和先进的，竞争锻炼了银行家的企业家技能和促进创新的意愿，给发展分支行提供了激励，从而使银行能够进一步获得规模经济（Dowd，1992）。

6.1.3 苏格兰银行业早期市场约束——银行券决斗①

在自由银行时期，银行自由发行银行券，并通过激烈竞争来让人们使用他们的银行券。如果某一银行扩大了发行规模，同时也就限制竞争对手银行券的发行规模，被称为银行券决斗（Note Duels）。银行尽力将他们的银行券向公众发行的规模扩大，让公众尽可能长时间持有，银行的赢利直接与银行券的发行规模和公众持有时间有关。公众持有银行券，就等于将金银等硬通货使用权转交给银行，银行可以利用黄金硬通货等来进行投资。或是购买政府债券，或是向工商企业提供贷款来获利。

为了让市场参与者更多地持有银行券，就必须让市场参与者确信银行安全、稳健，竞争有效的促使银行体系持有的资本准备，也就是保持充足的黄金等硬通货，从而保持公众对银行券兑付的信心，防止要求银行券兑付造成流动性问题。银行可以雇用人员来专门收集竞争对手的银行券，他们将同时要求银行券兑付黄金，这些人被称为“银行券采集者”（Note Pickers）。通过收集竞争对手的银行券，能够迫使竞争对手保持合理的资本充足率。因此，

---

① 参考Kroszner（1995），Dowd（1989）和Selgin（1988）。

Kroszner（1995）认为银行券决斗是银行业市场约束产生的一个重要渠道。

苏格兰皇家银行成立之后就马上发起对苏格兰银行的攻击，使得苏格兰银行在1728年中止兑付数星期。苏格兰银行在发行的银行券中加入选择条款，选择六个月延迟而支付5%的年利率。由于“银行券决斗”没有迫使苏格兰银行退出市场，反而导致双方两败俱伤，还导致了一系列金融创新来规避不利后果，苏格兰的银行业进入了近一个世纪的良性自由竞争时期。

6.1.4 苏格兰银行业市场约束独特机制——选择条款

选择条款（Option Clause）是银行向银行券持有者提出的一个延迟兑付的选择，如果持有者同意延迟一定期限进行兑付，持有人将获得相应的补偿。这些“选择条款”有两个显著特征：规定延迟兑付的最大期限和向银行券持有人支付的补偿利率，两项都在合约中专门注明。更长延迟期限有更多时间补充储备，但会被要求更高的利率，银行和银行券持有人必须权衡延迟期限和惩罚利率的成本收益。

选择条款首次出现在上文提到的苏格兰银行与苏格兰皇家银行银行券决斗的过程中，是苏格兰自由银行时期的重要金融创新。选择条款盛行时期是在1730—1765年，30多年中苏格兰建立了多个新银行，在1762年中期所有银行券发行银行都采用选择条款。

在自由放任的情况下，选择条款能够长期存在显然对双方都有利。Gherity（1995）提出三个命题：①选择条款对苏格兰防止挤兑至关重要；②防止挤兑是推动苏格兰银行采取选择条款的目的；③选择条款被公众没有歧视的接受，选择条款消除了“银行券决斗”的无效率，从而解决了自由银行体系不稳定的潜在根源。对于银行来说，选择条款保护了流动性，保护银行有可兑付负债和以部分储备来运作的重要特征。公众偏好选择条款的原因是选择条款增加了他们对银行资产的索偿权，还可以减少公众对预期银行挤兑的压力，使银行挤兑更少发生或是更少破坏。

White（1984）、Schuler（1992）和Selgin（1988）等众多研究都指出选择条款在苏格兰历史中的积极作用。Dowd（1988）研究却显示选择条款对银行稳定的作用不明显。同时，选择条款存在着潜在不利方面，银行不但可以采用选择条款来保护暂时的无流动性，还可以用来掩盖无清偿力，从而可能导致在延迟兑付期间进一步扩大损失。Gorton（1984）解释中止兑付条款的激励相容问题时指出，只有存款人区分银行缺乏流动性而不是无清偿力，采用这项条款才能对银行控制风险形成有效激励。

6.2　20 世纪 90 年代以来的日本银行业市场约束

回顾关于日本银行业市场约束的问题，在近几年出现了一些实证研究。在存款人约束方面，Imai（2007）采用 2001—2003 财政年间的横截面数据，研究发现存款保险改革提高了存款人利率敏感，从而提供了市场约束。Spiegel 和 Yamori（2006）采用 2000—2001 财政年的数据，对使用市场定价会计制度（MPA）与存款人约束之间的关系进行考察，显示增加透明度有助于提高存款人效率。此外，Murata 和 Hori（2006）等研究都显示存款人约束与管制宽容和存款保险制度的变化密切相关。在次级债持有人约束方面，Kobayashi（2003）采用 13 家银行 2000 年 6 月—2004 年 10 月数据对次级债利差和银行专有风险变量进行回归，发现专有风险对利差不敏感，认为在“太大而不能倒闭”的金融系统中发行次级债不能改善审慎监管。Bewer Ⅲ等（2003）对 1995—1998 年倒闭的四家商业银行和两家证券公司的倒闭对其他幸存的银行的影响，发现更弱的银行的股价受到的负面影响更大。

从上述研究可以看出，日本银行业市场约束受到管制约束的直接影响，1998 年金融大改革（Big Bang）和 2002 年完全担保的取消增加了市场约束的作用。另外，次级债和股票市场没有明显的约束作用。因此，对日本银行业及其监管制度的分析，显然是发现制约市场约束的症结的一个正确途径。

6.2.1　20 世纪 90 年代的日本银行业危机

第二次世界大战后的六十年，日本经济发展取得了巨大成就，日本目前是世界上 GDP 总值仅次于美国的世界第二经济强国。但是，20 世纪 90 年代，泡沫经济破灭导致日本陷入长达十年的萧条，90 年代末又陷入亚洲金融危机的泥潭。以日本为代表的“东亚奇迹”逐渐褪去了耀眼的光环，对于“日本模式”的反思涉及经济、政治等诸多方面。日本强政府干预下赶超的发展模式，银行部门起到了关键的支持作用。与其他经济危机有相似特征，日本“失去的十年”始终伴随着严重的银行问题，银行制度自然成为反思“日本模式”的一个焦点。

从1927年银行业危机以来，90年代是日本银行业最困难的时期。泡沫经济破灭初期，就出现了许多小型的金融机构破产。1997年秋天，山一证券、北海道拓殖银行等四家大型金融机构相继倒闭，发生了战后首次金融危机。1998年夏，日本长期信用银行和日本债券信用银行破产①。从1990年到2001年11月，总共有176家存款机构倒闭（见表6－1）。日本银行体系的不良贷款问题十分严重，根据监管当局的自我评估，到2002年，不良贷款仍高达87.5万亿日元，占GDP总值的17.5%；根据银行公布的财务数据显示，不良贷款也高达53.0万亿日元，占GDP总值的10.6%（见表6－2）。

表6－1　日本银行业危机中倒闭的存款机构数量　单位：家

年　份	银行（Banks）	信用金库（Shinkin banks）	信用合作社（Credit cooperatives）	总计
1990	0	0	0	0
1991	1	0	0	1
1992	0	1	0	1
1993	0	1	1	2
1994	1	0	4	5
1995	1	0	5	6
1996	2	3	3	8
1997	5	0	7	12
1998	3	1	31	35
1999	5	6	15	26
2000	1	5	27	33
2001	1	9	37	47
总计	20	26	130	176

资料来源：Hanazaki，Horiuchi（2003）。

① 关于危机更多的介绍参见黑田东彦（2004）。

表 6-2　　日本银行业的坏账情况①

年　份	坏账数量（自我评估）	坏账数量（风险管理贷款）
1992	7~8（1.5%~1.7%）	—
1993	8.4（1.7%）	12.8（2.6%）
1994	10.5（2.2%）	13.6（2.8%）
1995	11.6（2.4%）	12.5（2.5%）
1996	34.8（6.9%）	28.5（5.7%）
1997	27.9（5.4%）	21.8（4.2%）
1998	87.1（16.7%）	38.0（7.3%）
1999	80.6（15.7%）	38.7（7.5%）
2000	81.7（15.9%）	41.4（8.0%）
2001	82.7（16.1%）	43.4（8.5%）
2002	87.5（17.5%）	53.0（10.6%）

资料来源：Rixtel et al. （2003）。

为了应对银行业危机，日本政府陆续出台了多项措施对银行及其监管体系进行改革。1996 年 11 月，时任首相的桥本龙太郎提出金融大改革（Big Bang）的构想，于 1998 年 4 月 1 日宣布开始实施。相继颁布了《金融再生法》等多部法律，日本银行业和监管体系经历多次大规模的重组，但是至今还有很多问题尚未彻底解决。

关于日本银行业危机的成因有多种解释，代表性的观点主要有以下几种：①错误的宏观经济政策。宽松的货币政策、税制的扭曲和金融放松管制引发资产价格泡沫，导致了银行与房地产相关的融资急剧增加，这成为引发不良贷款问题并使整个银行体系出现危机的重要原因②；②基于租金（Rent-based）的观点。青木昌彦（1998）认为金融自由化导致银行获取非市场竞争

① 时间为每年的 3 月底；数量为万亿日元；括号中的数字为占 GDP 的百分比。
② 例如黑田东彦（2004）。

性租金的机会大大减少，从而造成对主银行体制监控职能的统一与连续性的损害，主银行缺乏对企业的治理激励导致了20世纪80年代后期泡沫经济的出现；③管制宽容和错误的安全网安排[①]。

与第三种观点相联系的就是银行业的市场约束问题。日本的银行业危机经常用来说明市场监督的失败：银行被允许在没有严格会计标准的条件下运行，而政府为所有债权人提供广泛的安全网（Imai，2006）。本节在日本泡沫经济破灭的大背景下，考察日本银行业市场约束的特点与经验，特别是日本特殊的银行制度和银行管制制度对市场约束的影响。

6.2.2 日本银行制度与市场约束

与英—美模式（Anglo – American）不同，日本的金融体系是以银行为中心的“间接融资”模式，资本市场相对不发达。日本的银行与企业之间的关系更为密切和集中，通常被称为“主银行制度”（Main Bank）。“主银行制度”是指包括工商企业、各类银行、其他金融机构和管理当局间一系列非正式的惯例、制度安排和行为在内的“公司融资和治理体制”。其核心是主银行与企业间的关系，包括许多方面：相互持股、提供管理资源、派遣管理人员、提供各类金融服务等（青木昌彦，等，1998）。由于日本企业融资模式和银企关系的巨大差异，从而存在许多影响市场机制发挥作用的因素。

从银行业负债结构来看（见表6 – 3），日本的银行的资金来源主要是存款，2003年的存款占整个负债的72.88%，债券和股票分别只占3.37%。与美国相比，日本金融机构通过债券获得资金的数量要小的多，仅为美国的13.43%（见表6 – 4）。从股权结构来看，日本的银行的主要股东是法人股东，主要是与银行、保险公司等金融机构和工商企业之间的相互交叉持股（见表6 – 5），日本的主要银行与主要保险公司的交叉持股状况最为明显（见表6 – 6），机构的战略投资者和个人投资者占的比重较小，而且流通和频繁交易的比重低（见表6 – 7）。债券有相似的情况，许多日本的银行发行的次级债是由其母公司和保险公司持有，不公开交易（Kobayashi，2003）。

① 例如堀内昭義（1998）。

表6－3　日本的银行资产与负债　单位：万亿日元

	资产			负债		
	1989FY	1996FY	2003FY	1989FY	1996FY	2003FY
货币和存款	149.5	144.7	159.8	706.0	802.7	893.2
贷款	669.3	730.9	633.4	184.8	167.7	164.2
股票之外的债券	126.3	135.9	259.3	59.9	76.2	41.4
银行债券	14.4	17.7	12.5	55.8	75.4	30.4
商业票据	4.2	1.5	5.6	0.0	0.0	0.0
股票和其他权益	72.5	53.5	55.3	112.1	61.0	75.8
其中股票	71.5	51.8	29.0	108.3	56.7	35.8
总资产	1097.2	1124.3	1204.3			
总负债				1127.7	1136.8	1225.5
盈余或赤字				－30.5	－12.5	－1.2

资料来源：Szilagyi（2005）。

表6－4　日美各部门债券发行状况比较　单位：10亿美元

每年的3月31日	日本				美国			
	金融机构		企业		金融机构		企业	
	国内	国外	国内	国外	国内	国外	国内	国外
1998年	786.8	174.3	511.9	111.4	3095.7	455.1	1971.8	92.8
2000年	924.0	220.9	742.1	76.1	3867.4	885.4	2304.1	183.2
2002年	599.4	185.6	679.7	48.1	4463.6	1366.6	2447.1	319.5
1998—2002年变化	－187.4	11.3	167.8	－63.3	1367.9	911.5	475.3	226.7
变化的百分比（%）	－24	6	33	－57	44	200	24	244

资料来源：Szilagyi and Batten（2003）。

表 6-5　　日本的银行的所有权分配（1999—2001）

财政年	政府（%）	银行（%）	其他金融机构	商业企业	证券公司	个人	外国	上市公司数量
1999	0.1	24.9	11.6%	26.0%	0.8%	11.8%	18.6%	2472
2000	0.2	27.5	11.6%	21.8%	0.7%	19.4%	18.8%	2587
2001	0.2	28.6	10.9%	21.8%	0.7%	19.7%	19.7%	2656

资料来源：Kojima（2004）。

表 6-6　　2001 年年底日本主要银行与其他金融机构交叉持股

	日本生命	第一生命	住友生命	明治生命	朝日生命	安田生命	三井生命
みずほ（瑞穗）银行	600	959	100		445	476	
三井住友银行	1059	282	761				380
三菱东京银行	1325	905	100	1891			
UFJ（日联）银行	474	151	100	281	240	90	

资料来源：周刊东洋经济，2002 年 3 月 16 日，35 页。

表 6-7　　日本上市银行所有权的分配的统计量

	主　体	银行数量（家）	平均值（%）	标准差（%）	最大值（%）	中　值（%）	最小值（%）
股份比例	频繁交易的股票	117	21.4	10.2	54.2	21.3	3.9
	小股东持股	117	29.6	8.1	75.4	27.9	17.8
	外国持股	117	2.4	2.6	11.2	1.4	0.0
	共同基金	117	0.3	0.3	1.6	0.2	0.0

续 表

	主 体	银行数量（家）	平均值（%）	标准差（%）	最大值（%）	中 值（%）	最小值（%）
最大10个股东	保险	117	8.0	4.9	23.8	7.2	0.0
	商业	117	1.9	3.7	23.6	0.0	0.0
	其他银行	117	14.6	9.7	69.5	12.4	0.0
	其他	117	4.3	4.4	17.5	3.2	0.0

资料来源：Kojima（2004）。

显然，日本的银行体系缺少市场约束机制发挥的条件。日本资本市场的作用主要是为了融资，而不是提供对管理的激励和约束（Choi and Hiraki，2003）。由于主要由法人持有银行的债券和股票，这些证券持有者对价格缺乏敏感而且很少公开交易，从而无法起到价格发现和控制风险的目的。由于债券等非存款债权的比例较低，对银行冒险行为惩罚的作用也较小，不足以对银行风险起到有效缓冲作用。当银行面临市场参与者更高的价格要求时，可以转向存款等受到担保而对风险不敏感的资金来源。因此，Kobayashi（2003）提出要求银行强制发行次级债来使发行债券的银行不能逃避市场约束。另外，日本银行体系的负债比例大，银行与企业的关系密切，存款人挤兑所造成的不利影响也更高，容易引起接下来讨论的管制宽容问题。

综上分析，由于日本银行体系的特殊性，缺乏有效的市场参与者和金融工具等市场约束机制要素，从而阻碍了市场约束机制发挥作用。

6.2.3 日本的银行安全网与市场约束

尽管日本面临了长期的银行业危机，却并没有出现银行挤兑的情况，广泛的银行安全网对银行体系稳定起到了决定性的作用。日本对问题银行的政府注资金额有增无减，银行并未因政府注资而切实改善经营效率，不良债权问题依然没有得到有效遏制。显然这种事后的管制没有从根本上降低银行冒险行为，反而抑制了存款人监督和约束动机。

Llewellyn（2005）认为市场约束的阻碍因素最强有力的例子就是来自日本经验，市场约束失败的情况在那里几乎全部都能发现，因为许多潜在的阻碍是政府机构和公共部门造成的。日本的市场经济历来以“强政府”著称，本书的研究也发现日本的政府管制约束严重阻碍市场约束，造成了严重不利的后果。

1. **护航制度**

20 世纪 90 年代中期以前，日本银行体系的安全网是以政府提供隐性担保存在。政府鼓励健康银行对问题银行提供援助，通过对问题银行直接注入资金的形式提供隐性担保，这种“收购与接管”（Purchase and Assumption）的救助方式通常被称为“护航制度”（Convoy System）（Dekle 和 Kletzer，2006）。护航制度是大藏省（后来的财务省）通过行政指导的方式来主导的对问题银行的一种管制宽容。不但存款人不会遭受损失，其他债权人甚至股东都受到了保护。相比存款保险而言，护航制度可以看做是银行之间相互担保的一种制度，通过健康银行股东而不是纳税人来吸收问题银行的损失（Spiegel，2000）。但是，如果大藏省给予健康银行的资金支持条件不够优惠，健康银行就可能拒绝兼并要求。这种制度不但能够造成存款人的道德风险，还能够造成银行的道德风险。20 世纪 90 年代银行业危机时期，银行的资产负债表普遍恶化，在有政府援助的情况下，银行从事高风险活动来寻求弥补损失，导致问题银行的数量大幅增加，相对强大的银行也遭受了巨大的损失，为了限制进一步引发健康银行的风险暴露，护航制度不得不终结。

2. **完全担保的存款保险**

效仿美国，日本在 1971 年成立存款保险公司，但是很长时间一直没有发挥作用。在 1992 年 4 月，第一笔存款保险基金向 Iyo 银行支付用来救助 Toho Sogo 银行。1995 年兵库银行、木津信用合作社等大型金融机构相继发生问题而引发挤兑风潮，为防止银行业危机的蔓延，大藏省宣布于 1996 年 6 月—2001 年 3 月实施为期五年的存款完全担保。2000 年 4 月将完全担保区分两类实施，定期存款完全担保期限延长到 2002 年 3 月，至于支票和活期存款原先延长到 2003 年 3 月，后来又延长到 2005 年 3 月。20 世纪 90 年代，特别是全额担保之后，存款保险资金的巨额支出用于倒闭银行救助，这种全额担保造成整个市场机制完全扭曲。例如，木津信用组合（合作社）在出现经营危机时，为了解决周转资金不足的问题，以很高的利率筹集资金。很多人认为，不应该保护这种高利率的存款。但是，为了维护信用秩序，对此类存款的本利也实行保护，日本实在是世上少有的国家（竹内宏，1999）。

3. 政策随意性

在处理问题银行的时候，日本银行的管制部门的人员有很大的权力。在金融大改革之前，大藏省具有非常大的权限，用行政指导来规范金融机构有很大的随意性。改革过程中成立的金融监督厅（FSA）在处理问题银行时也非常的宽容，1998 年 4 月 FSA 成立之后，仍然在存款机构极度缺乏清偿力之后才会将其关闭（Fukao，2003）。快速纠正机制对不良债权多的银行发出改进营业命令或停止，由于具体标准不明确，大藏省的任意裁决可以左右银行的存亡。因此，面临经营危机的银行企图通过接待拉拢大藏省和日本银行的官员（竹内宏，1999）。与其他国家管制机构的政策随意性相比，日本还有独特的“下凡”（Amakudari）现象，就是银行在管制者退休后为其在本机构中提供工作，这些退休官员则为银行争取更宽松的管制环境。为了创造更多退休后的机会，管制官员削弱了审慎管制力度，导致银行业更加缺乏约束（Asano，Eto，2006）。

由于隐性和显性存款保险的存款，加上管制当局的随意性，必然导致存款人没有动机关注银行风险并对其冒险行为进行及时惩罚，从而导致银行的损失进一步扩大。管制当局对次级债权人和持股人进行保护，导致日本股票市场失去对投资者发送信号能力（Fukao，2003）。

日本政府也意识到了市场约束的重要性，建立部分存款保险制度和引入及时校正机制等来发挥市场约束的作用。虽然这些都是参考美国已经采用的制度，但是由于日本特殊的银行制度和银企关系，这些政策发挥的效果并不明显。因此，为了有效发挥银行业市场约束作用，需要从银行制度和银行管制政策等多方面进行改革。

6.3 苏联、东欧转型国家的银行业市场约束

第二次世界大战以后，苏联和东欧地区的社会主义国家[①]普遍采用计划经济模式。20 世纪 90 年代初期开始，这些国家纷纷放弃计划经济模式，转而选择市场经济模式。实践表明，经济转型是一次深刻的变革，包括从经济到社会的全面重构，它涉及机构基础设施、法律体系、金融系统、破产机制和竞争政策、社会资本的保护和创造（斯蒂格利茨，2001）。

银行体系改革是苏联、东欧国家经济改革的重要部分。相对于西方成熟市场经济国家而言，转型国家十几年的市场化进程是短暂的，在经济、法律、管制政策等诸多方面与成熟市场经济国家存在很大差距，银行业面临市场约束的程度、方式和效果也不同。同时，转型特定背景为银行业市场约束研究提供了很好的案例，诸多有价值的经验教训可供借鉴。

对于东欧新兴的市场经济的实证研究是基于调查数据，而这些国家的市场经济对于时间序列分析太近了，任何理论假设的考察还必须考虑转轨过程中正在进行的机构变化（Vensel，Wihlborg，1998）。可能是由于上述转型国家市场经济建立时间短和处于不断变革阶段，银行业市场约束的实证研究寥寥无几。以下两篇获得的研究文献都是关于存款人的市场约束，没有股票和债券持有人的约束的相关研究，这与转型国家资本市场发展水平低有关。Mondschean（1999）从价格方面对波兰银行业存款人约束进行研究，利用定期存款和国库券的利差与资本——资产比率等银行基本实力变量、地区风险变量和银行产权变量进行回归，结果显示银行基本实力的专有变量对存款利率没有重要解释意义，而国有银行能够比私有银行更低利率获得资金，显示存款人认为国有银行能够受到更多隐性存款担保。Karas 和 Schoors（2006）对俄罗斯金融危机前后（1997—2003）的存款人约束进行考察，发现存在对脆弱的银行减少存款和要求更高利率，但是，过高的利率很难吸引存款人，而被看成是金融状况恶化的信号。上述两个文献由于研究对象不同，从已有

① 以下简称转型国家。

研究很难对转型国家银行业市场约束得出有价值的认识。

6.3.1 苏联、东欧国家银行业转型概览

转型起点的银行体系与市场经济国家银行体系存在巨大差异。从组织结构来看，中央计划经济国家普遍采用苏联模式的单一化银行体系（monobank system），即同一机构同时从事中央银行和商业银行业务。在职能方面，银行体系政府计划下从事信贷安排和回收，只是计划部门分配资源的一个执行部门。不用考虑道德风险和逆向选择问题，不需要对贷款定价、信用评估和监督。

这些国家在银行业改革过程中采取的措施有所不同，但目标都是按照市场经济模式建立现代银行体系，西方发达国家成功的银行体系模式成为纷纷效仿的对象。转型国家银行业改革主要归结为以下几个方面（Kulhánek，Polouc，Stavárek，2004）：

· 单一银行（monobank）被废除和引入具有中央银行和商业银行的双线银行体系①；

· 专业化银行的部门限制被放松；

· 大多数银行业务的发放执照的政策自由化；

· 外国银行和合资银行允许进入；

· 法律框架和管制系统被引入和调整。

经过十多年的改革，转型国家的银行部门发生了巨大变化。但是与发达国家相比，仍然存在显著差距。主要体现在以下方面（Bokros，2002）：

· 低水平的金融中介（仅占 GDP 的 5% ~40%）；

· 相对差的资产质量和严重的缺乏资本；

· 极不成熟的治理结构，外部和内部都包括；

· 不断成熟的法律和管制框架；

· 弱的应用和执行能力。

以上从银行部门转型的起始、路径和结果三个关键点，简要描述了苏东

① 双线银行体系的特征是基于市场经济，一线是中央银行，另一线是商业银行。

国家银行改革的特征。转型国家银行业市场约束问题与银行部门改革息息相关，正是在转型特点背景之下，银行业市场约束才呈现出与众不同的特点，银行转型的概览为经验总结提供了现实背景。

6.3.2 转型国家的银行业危机

从 Honohan 和 Laeven（2005）整理的全球银行业危机数据库中可以看出（见表 6－8），转型时期所有俄罗斯、东欧国家都经历了程度不同的银行业危机，相对于其他国家而言造成的损失更大。危机过程中普遍存在银行挤兑的现象，存款人通过数量的方式来应对银行业危机。

表 6－8 俄罗斯和东欧国家银行业危机及其损失

国 家	时间期限	不良贷款（NPLs）%	不能偿还的银行资产%	财政成本（占 GDP 的%）	是否系统风险
保加利亚	1996—1997	75	33		是
克罗地亚	1996		50		是
捷克	1989—1991	38		12	是
爱沙尼亚	1992		41		是
匈牙利	1991	23	25	10	是
拉脱维亚	1995—1996		30	3	是
立陶宛	1995—1996		29		是
波兰	1991	24	90	3.5	是
罗马尼亚	1990—1996	30		0.6	是
俄罗斯	1998—1999	40	50	3.0	是
斯洛文尼亚	1992—1994		67	14.6	是
乌克兰	1997—1998	65			是

资料来源：根据 Honohan and Laeven（2005）整理。

由于转型过程中宏观经济普遍存在动荡，银行利率除了受到银行本身基本实力影响外，还受到货币政策等其他因素影响，传递的信号存在更多的噪声。从数量方面，传递的信号更为清晰、简洁。

1. 保加利亚银行业危机（1996—1997）的案例分析①

保加利亚在1996—1997年间发生银行业危机，在1995年年底，保加利亚银行体系的标准贷款仅是所有贷款的25.9%。1996年早期，银行部门的负净值达到GDP的13%。事实上，由于贷款质量不断恶化，银行只能由新的家庭存款注入来维持。1996年早期开始出现银行挤兑，最开始仅限于那些最受流动性问题影响的银行，1996年中期发生了整个银行系统的全面挤兑。在1995—1997年（挤兑减弱），累计提取定期存款达到1780亿保加利亚列弗（BGL）（9.5亿美元，按当时汇价），提取外汇存款为1.2亿美元。政府尝试通过承诺百分之百对家庭存款进行保险，由于预算危机和缺少外汇储备而无法切实执行。到1996年中期，银行系统有相当高的负净值和极低的流动性，政府不再有任何资源保持继续运行。总共有19家银行（占银行部门总资产1/3）倒闭，剩余银行在1997年获得重新注资。

表6-9　危机前后保加利亚主要银行财务指标（1995—1997）

财务指标 / 银行名称	资本负债率		无担保贷款数量与总量比率（%）	资产收益率ROA		资本收益率ROE	
	1995	1996	1997	1995	1996	1995	1996
Bulbank	4.62	5.09	59.03	0.01	0.02	0.04	0.11
BPB	21.03	4.07	51.1	-0.07	-0.01	-1.61	-0.05
UBB	41.46	1.59	21.40	-0.08	-0.03	-6.68	-0.07
Biochim	8.59	1.27	46.47	0.00	-0.06	0.02	-0.13
Corporate bank	0.40	0.27	42.9	0.07	0.77	0.10	5.70

资料来源：根据Dilova-Kirkowa（1999）整理。

① 参考Dobrinsky（2000）。

从表 6 –9 可以看出，1995 年，保加利亚主要银行基本实力的财务指标已经很差，资产质量、资本充足状况和赢利状况都显示了市场参与者面临巨大的风险暴露。Dilova – Kirkowa（1999）对于 1996 年各银行资本负债率明显下降提出了这样的解释：银行风险似乎下降，但主要是会计管制变化的结果。由于大量的会计准备，银行能够在税前减少利润，从而避免对赢利支付大量税收。很显然，从 ROA 和 ROE 的指标中无法印证这种观点。资本负债率的大幅下降更直接的原因，不是银行资本数量的上升，而是银行负债大幅下降，银行挤兑导致存款大幅下降，银行资本负债率达到市场认为合理的水平。很显然，保加利亚的银行业危机不是非理性的自我实现，而是对于银行基本实力恶化做出的理性反应。

危机暴露了政府和管理者的道德风险问题，而没有得到及时监管来避免，最终导致银行业危机。银行动机变得高度扭曲有多种原因，包括资本低、管制问题、中央银行执行管制的力量小、宽松的再融资政策、贷款政策的政府干预和腐败的经济合作与发展组织（OECD，1997）。显然，保加利亚的银行业危机与预算软约束有关，引起坏账突然出现和滚雪球式的爆发。这是由弱的银行监管和不恰当的银行操作（包括腐败）受到宽容造成的（Dobrinsky，2000）。

相对于中央计划经济体制下软约束问题，市场约束表现出了巨大的力量：一方面，对于银行体系而言，市场力量将基本实力差的银行逐出市场，遏制了资源配置的无效率，保护了市场参与者自身的利益；另一方面，是对政府监管的约束，监管当局必须认识到要为监管不力和不恰当的干预负责，监管当局没有及时推动银行业改革和处置问题银行，银行业危机的集中爆发就是必然的结果。

从危机之后的保加利亚银行业改革来看，市场力量对约束银行和政府管制当局的行为有明显效果。银行方面，1997 年商业银行主要投资政府证券等相对安全和流动性的资产，对商业贷款的谨慎态度反映对他们自己清偿力的关注。1998 年开始，商业银行部门基本稳定，银行显示有清偿力和资本充足。政府管制方面，在 1996 年中期，政府和中央银行（BNB）对商业银行引入了根本变化的法律和政策，审慎监管得到了加强和执行更加严格。1998 年 6 月，商业银行最小资本要求从22亿BGL增加到10亿BGL。最小资本充足率的要求比欧盟标准还要高，从1997年年底的8%增加到1998年的10%和1999年的12%。1998年，政府通过了新的、更加有限的存款保险法来保护个人存款，最高金额仅为500万BGL（OECD，1999）。

2. 转型国家银行业市场约束——视野的扩展

很显然，转型国家数目众多，初始条件和转型的路径有所不同，保加利亚银行业危机的案例是否具有普遍意义需要进一步探讨。

综观苏东转型国家，从最北方的俄罗斯到最南方的巴尔干国家，相同的改革起点导致银行业改革的路径和结果存在诸多相似特征。伯格洛夫和伯尔顿（2002）指出：走在改革前列的国家金融发展政策大不一样，然而这些基本的金融架构却极其相似，包括商业银行在金融体系中居主导地位；主要向政府放款，外资在银行的持股比率越来越大；股票市场剧烈波动，缺乏流动性等。

从银行业危机成因和市场约束发挥作用这一角度看，也普遍存在以下共同特点。

第一，市场约束普遍以银行系统性危机的形式集中爆发，造成巨大财政成本和整体的经济损失（见表6-8）。

第二，危机与单个银行的基本实力和整个银行体系的健康状况有密切联系。危机前的银行普遍存在清偿力问题，而不只是流动性问题。银行存在大量不良贷款而造成资产质量恶化，大量银行资产不能偿还（见表6-10）。作为2004年欧盟东扩中首批加入的波兰、捷克和斯洛伐克三个国家，是转型国家中经济恢复最快的国家。这些国家和保加利亚一样，银行体系一直存在大量不良贷款，银行面临巨大的风险暴露，即使保持高于巴塞尔协议的资本充足水平，仍然面临着很高的清偿力风险。最极端的情况是在俄罗斯，80%的银行资本低于100万美元，只有10家最大银行，总计42%资产，至少有1亿美元。银行系统规模过大、资本过低和缺乏流动性（Steinherr，1997）。

表 6－10　　　捷克、波兰和斯洛伐克银行资产和资本状况

	1998 年		1999 年		2000 年		2001 年		2002 年	
	NPL①	CAP②	NPL	CAP	NPL	CAP	NPL	②	NPL	CAP
捷克	28.80	12.31	33.50	14.71	29.83	13.78	21.53	14.78	16.89	15.40
波兰	10.90	12.20	13.70	13.37	16.27	13.85	17.73	18.65	20.99	15.80
斯洛伐克	37.95	12.37	34.88	14.02	23.92	13.01	24.31	21.89	11.54	23.65

资料来源：Stavárek，Poloucek（2004）。

第三，银行管理者和政府的道德风险是导致银行基本实力脆弱的重要原因。苏东国家从计划经济向市场经济转型的初期，全社会普遍缺乏私人资本，商业银行不能够抵御政治压力，必须通过为新一代的“企业家”提供私人贷款来替代资本的缺乏，而这些企业经营者没有钱也没有运营业务的理念。银行还要为现存企业提供贷款来防止脆弱的民主出现社会动荡（Remsik，1998）。这样，银行目标偏离了利润最大化和维护市场参与者利益的目标，更加注重经济转型整体目标，政府也长期宽容银行体系坏账的集聚。Kreuzbergova（2006）对捷克银行转型的研究表明：政府的参与通常是不公开的。这是因为政治表示事先提出的是严格的自由方式，但是，金融机构实际上成为非正式政府政策的实践工具，目的是尽量减少失业和确保经济转型成功。政治主张很少承认在控制银行中的利益，政府不经常使用他们来控制显性干预，隐性的政府参与和潜在的政治压力是巨大的。

综上，通过对保加利亚银行业的案例和对其他国家银行业市场约束的实证研究，可以得出如下结论：市场约束与银行基本实力变化密切相关，银行管理者和政府道德风险是银行基本实力恶化的重要原因，银行业危机的爆发显示了市场约束的巨大积极作用。

6.3.3　市场约束发挥作用的阻碍因素

在转型过程中，市场体制的一些基本要素，实际上在各个国家是以不同

① 银行不良置产的比例。

② 银行资本与总资产的比例。

的速度、不同的顺序以及不同的条件和不同的形式出现的。所以我们可以观察到，转型过程的一个结果说明了市场经济体制呈现出一种非稳定状态或者说不稳定状态（罗兰，2002）。

无论是发达市场经济国家还是转型国家，市场力量都是存在并且发挥作用的。只是由于转型国家缺乏稳定的市场状态和完备的市场要素，并且存在一些因素阻碍市场约束机制发挥作用，导致形成市场约束不足和严重银行挤兑两种极端形式。因此，分析并消除阻碍市场力量发挥作用的消极因素，建立合理的银行稳定制度体系，对促进市场约束有效发挥作用具有重要意义。

1. 缺少处理问题银行的机制

从表6－11中可以看出：多数国家在经济转型的近十年之后才建立显性存款保险制度，多数是由政府主导的固定费率的存款保险。在建立存款保险以前，各国普遍存在隐性的存款保险，对倒闭银行的最终处置方案是不确定的，管制当局在处置构成中存在巨大随意性。

表6－11　　苏联和东欧国家存款保险制度

国　家	通过/修改时间	限制范围 2003US $	是否根据风险调整费率 是＝1 否＝0	资金来源 政府＝1 私人＝0 联合＝2	管理 私人＝3 联合＝2 官方＝1
阿尔巴尼亚	2002	6568	0	1	1
波黑	1998	3228	0	0	1
保加利亚	1996/1998/2001	9686	1	1	2
克罗地亚	1997	16343	0	1	1
捷克	1994	31575	0	1	1
爱沙尼亚	1998	8058	0		2
匈牙利	1993	14429	1	1	2
拉脱维亚	1998	5545	0	1	1
立陶宛	1996	16293	0	1	1
波兰	1995	28418	0	1	2

续 表

国 家	通过/修改时间	限制范围 2003US $	是否根据风险调整费率 是 =1 否 =0	资金来源 政府 =1 私人 =0 联合 =2	管理 私人 =3 联合 =2 官方 =1
罗马尼亚	1996	3842	1	1	2
俄罗斯	2003	3395	0		
斯洛文尼亚	2001	26931	0	1	2
乌克兰	1998	281	0	1	1

资料来源：根据 Honohan and Laeven（2005）整理。

以爱沙尼亚为例，1992 年的银行业危机，当局关闭和清算了 Tartu 银行（TCB），而没有救助存款人，包括许多个人的存款人。在 1994 年，发生了主要涉及爱沙尼亚社会银行（ESB）的危机，这家银行是政府主要的财政代理，还为石油和金属贸易融资。政府最初承诺清算这家银行，但是最后被迫采取了对存款人的救助，将政府存款和中央银行储备转换为银行资本，也没能挽救银行（Hansson，Tombak，1999）。

这种不确定性严重影响了市场力量发挥作用。由于严重的不确定性，加剧了存款人的恐慌心理，很容易造成系统性的银行业危机。而一些与政府关系密切的银行，由于预期能够从管制当局得到保护，从而市场力量缺乏对他们的有效激励。许多从前的国有银行规模大，随之就出现了“太大而不能倒闭”的问题。这就意味着一旦出现严重问题，政府必须支持他们，很少有动机有效和审慎的运行。

2. 缺乏有效的资本市场

在转型以前，苏联和东欧国家金融体系中不存在资本市场，各国的资本市场都是在近十几年的时间才建立起来。在匈牙利，1989 年证券法的颁布成为资本市场建设的起点，1991 年，布达佩斯股票交易所成立，同年，匈牙利议会通过新法案提出银行达到现代市场经济标准，这种变化与国有商业银行私有化一致。华沙股票交易所（WSE）在 1991 年 4 月只有 5 家上市公司，在 2004 年中期有 209 只股票交易，WSE 相对很小，不是产业融资的主要渠道，股票市场仅占 GDP 的 23%。

资本市场完善程度与发达市场国家相去甚远，严重阻碍市场约束机制的发挥。这些国家的证券价格显示企业风险状况非常有限，过度的投机和政治因素影响造成市场信号存在大量的噪声，市场参与者发挥市场约束的潜在成本过高。当前国际上普遍流行的强制次级债的政策提议，对于转型国家来说执行的难度很大。由于金融体系长期处于动荡的状态，债券持有人面临银行倒闭的高风险，要求的次级债利差中的风险溢价使银行面临巨大的成本负担，银行支付较低的风险溢价就只能形成很小的发行规模。Bonin（1998）提出发行零息次级债券来作为银行管理者的薪酬，从而形成类似股票期权的激励。如果在完善的公司治理的情况下，管理者的利益与整个企业是一致的，这种方式对银行管理者的激励与公开发行次级债是类似的，而且针对管理者发行的数量相当有限，因此这种提议显然没有必要。

3. 过度的自由化

在转型的早期阶段，这些国家迅速废除了原有中央计划经济政策，希望通过自由竞争的市场机制来实现最优的资源配置，自由化是整个经济改革的基本理念。由于缺乏必要的管制措施，过度的自由化导致银行体系整体质量的下降和风险的增加。许多转型国家在改革初期都出现了银行数量剧增的情况，波兰、捷克和匈牙利等国出现了许多新建银行（见表 6－12），而俄罗斯将苏联的银行的分支行都变成了独立的银行，1995 年存在 2500 家银行，1996 年下降到 2200 家。

表 6－12　　波兰、捷克和匈牙利商业银行数量变化情况

国家＼年份	1989	1990	1991	1995	1998	2001
匈牙利	23	29	36	44	45	42
捷克	5	9	24	55	45	38
波兰	20	52	74	81	83	71

资料来源：Kulhánek，Poloucek，Stavárek（2004）。

由于管制机构没有采取充分的市场准入措施，大量缺乏清偿力的银行存在于市场体系之中。市场参与者采取平和的价格和数量方式不足以对这些银行产生有效的惩罚，采取挤兑的极端形式使这些银行退出市场就成为了一种必要的方式，是对无效的管制约束的一个事后的补救措施。以俄罗斯2004年一次银行挤兑为例，2002年俄罗斯国家杜马通过存款保险立法并于2003年生效，需要中央银行评估和确认将私有银行纳入安全网，收回了一些存在严重问题的银行执照。当政府官员确定一些银行正在接受调查，存款人迅速将他们的资产转移到政府储蓄银行。报纸的警示性报道迅速促使对其他银行的挤兑，造成恶劣影响，导致整个银行体系严重紧缩（Blount，2004）。

4. **缺乏良好的会计、法律制度等基础设施**

转型国家的银行缺乏透明度，在股权结构和资产等诸多方面都存在这样的问题，公开披露的信息有限且真实性经常受到质疑。除了普遍存在Kreuzbergova（2006）所述的政府暗中干预，俄罗斯等一些国家存在银行与产业部门严重紧密联系的金融寡头，存在大量内部的违规关联交易，银行部门通过一些财务手段隐藏存在的严重问题。会计和法律制度不完善也是造成银行信息不准确的重要原因。Borish 和 Montes - negret（1998）认为由于缺乏可靠的会计制度，进而造成了无法对贷款正确分类。出现提取损失准备金和核销坏账的管理不恰当等问题，从而造成了20世纪90年代初期中、东欧国家不良贷款的数字严重被低估。

从以上分析可以看出，转型国家的市场约束机制已经明显发挥了作用，但是更多的表现为银行挤兑这种极端和非常具有破坏力的形式。Lane（1993）的结论是如果银行接近无清偿力，市场约束不能通过利差来运行，唯一起作用的是将银行排除出市场。为了充分发挥市场约束的积极作用，需要完善的市场经济体系和规范管制约束环境，而不是简单的自由化就能够解决。

6.4 本章结论

当今的银行业与自由银行时期的苏格兰银行业存在着明显的差异，但自由竞争的市场环境排除了管制约束影响，能够全面反映市场约束机制及其绩效。虽然对苏格兰银行业的稳定性的研究存在着一些争论，但这些其实并不重要。重要的是这一案例显示：在自由放任的环境中，银行能够通过自身的创新（如选择条款）来解决面临的问题，契约安排而不是政府干预正是市场经济的一个基本特征。

关于日本银行业的案例同时提供了两方面的启示：一方面来自管制约束，过度的保护甚至完全担保容易激励银行管理者过度冒险，同时还会阻碍市场约束发挥作用，银行风险的积聚最终导致的挤兑是管制者无法控制和阻挡的。因此，促进而不是阻碍市场力量控制银行冒险，在事前化解潜在的危机才是正确的；另一方面来自银行制度，交叉持股和持债削弱了这些利益相关者控制风险的动机，存款人作为仅存的约束主体很难有效约束银行。

转型国家的市场约束研究也是关注阻碍市场约束的因素，这种阻碍因素产生于计划经济向成熟市场经济过渡的过程中。研究显示：市场规则的不完善和过度的自由化同样会阻碍市场约束的发挥，市场参与者往往会选择银行挤兑的方式躲避风险而不是监督和纠正。

中国的银行业是向市场经济转型最缓慢的部门之一，银行部门特别是国有商业银行受到管制约束影响非常明显，中国分支行的银行体系更接近于日本而不是美国。所以，上述日本和转型国家案例对中国具有很好的借鉴意义。

7 中国银行业市场约束研究

按照加入世界贸易组织（WTO）的协议，中国银行业从 2006 年 12 月 11 日起全面对外开放。在此前五年的过渡期内，国内银行业及管制当局积极应对挑战，保持了长期的繁荣和稳定，但仍然存在许多问题亟待解决。2012 年 1 月 6 日至 7 日，第四次全国金融工作会议召开。时任国务院总理温家宝在此次会议上指出，我国金融领域还存在一些突出问题和潜在风险。金融机构经营方式总体粗放，公司治理和风险管理仍存在不少问题，农村金融和中小金融机构发展相对滞后，金融监管能力有待提升，信贷政策与产业政策结合得还不够紧密，对实体经济的支持还不够。

我国银行业及其管制改革已经经历了近三十年的历程，许多学者对于改革提出了有价值的理论和观点。对于如何约束银行行为方面，主要集中于银行业市场结构和银行公司治理两方面。银行业市场结构方面，研究方法采用了产业组织理论的 SCP 范式，杨德勇、王桂贤（2001）等一些研究的结论都是中国银行业的寡头垄断市场结构导致银行无效率，提出利用增强市场竞争来激励银行。在银行公司治理方面，王一江、田国强（2003）等一些研究主要以产权理论为基础，提出通过参股与合资等方式来改变国有商业银行的产权形式，从而完善银行内部治理机制和改善银行的激励。对于市场结构方面的研究，很显然忽略了银行业特殊行业特点，给予银行业一定特许权价值和限制竞争是发达国家防止银行道德风险的重要手段，我国银监会等管制部门也没有支持这种观点。从转型国家的实践来看，没有建立良好的市场约束机制，过度的放松管制将导致过度冒险。银行公司治理改革是国有商业银行改革的主流理念，管制部门也正在积极推动这项改革。

加强管制约束和公司内部治理是银行业改革的侧重点，提高银行业市场约束仍然没有得到广泛的重视。针对中国银行业及其发展的历史与现实，本章将前面关于银行市场约束的理论应用于解释中国现实问题，并提出相关的对策。

7.1 渐进改革中的银行业市场约束

中国银行业的发展历史悠久，明清时期已经出现了钱庄、票号、账局、银号等一些旧式金融机构，清末和民国时期出现了一批官办和民营的近代商业银行。本节研究选择了新中国的银行业为研究对象，在社会主义制度下的银行业与之前的银行业存在着显著差异。所做的研究不是简单的复述历史事件，当前的银行及其约束制度是原有制度基础上改革的结果，改革路径的研究有利于对当前的问题和未来趋势做出明确的分析。

7.1.1 银行业及其管制变革的路径

中国银行业的改革是各项改革中的难点之一，相对缓慢和滞后。与苏联、东欧国家相比，我国经济体制也是从计划经济向市场经济转型，不同的是我国采取了渐进的模式，经过一些不同的改革尝试才演进成为当前的银行体系。

1. **单一银行及其管制模式**（1948—1984 **年**）

银行业的改革是整个经济体制改革的重要组成部分，其改革的路径与经济体制改革基本一致。中国人民银行于 1948 年成立，在 1978 年改革开放以前，我国实行的是与苏联模式类似的单一银行制度，中国人民银行集中了中央银行和商业银行的职能，既办理各项商业银行业务，同时又负责银行的监督管理。

我国这一时期实行的是中央计划经济体制，单一银行制度是计划经济体制的重要组成部分，具体职能和约束方式也体现了计划经济的特点。人民银行是依附于财政部的国家行政部门，按照“统存统贷”和“统收统支”的高度集中统一的资金管理模式，银行业务和资金的结算由总行按照经济计划做出具体安排。银行起不到资源配置的金融中介的作用，只是履行国家财政的出纳的功能。

2. **专业银行及其管制模式（1984—1993年）**

1978年以来，中国经济体制进入了由计划经济向市场经济的“渐进式”转型过程，银行业及其约束方式也逐渐向发达市场经济的现代银行模式转变。到1984年，先后恢复了中国农业银行、中国银行、中国建设银行，设立中国工商银行从事原来人民银行的商业银行业务，从而形成了四大国有独资的专业银行组成的银行体系，这四家银行目前仍然是中国银行业的支柱。从1987年开始，陆续重建交通银行和新建了中信实业银行、招商银行等一批股份制商业银行。

中国人民银行负责履行中央银行的职能，对银行等金融机构和金融市场进行统一监管。

3. **向现代商业银行及其监管模式转型（1993—2002年）**

1993年12月，《国务院关于金融体制改革的决定》提出：建立政策性金融与商业性金融分离，以国有商业银行为主体、多种金融机构并存的金融组织体系；建立统一开放、有序竞争、严格管理的金融市场体系。此项决定是中国银行业改革的重要转折点，明确提出要把国有专业银行向现代商业银行转型的改革方向。

1995年，我国先后颁布了《人民银行法》和《商业银行法》，这两部法律确立了市场经济下商业银行运行和管制模式，为建立现代银行体系提供了法律依据。

1997年11月，第一次全国金融工作会议召开，这次会议确立了一系列重要改革：发行2700亿元特别国债补充四大国有银行资本金；成立的四家资产管理公司处置剥离的银行不良资产；对金融业实行分业监管，人民银行、证监会、保监会分别负责银行业证券业和保险业的监管。

4. **当前商业银行及其管制改革（2002年至今）**

2001年11月10日，中国正式成为世界贸易组织（WTO）成员。按照我国银行业对外开放的承诺，在五年的过渡期内逐步取消对外资银行的限制。着眼于银行业面临新的机遇与挑战，中国银行业及其管制改革进一步加快了步伐，速度超过以往任何时期。

2002年，第二次全国金融工作会议召开。推进国有商业银行改革是会议的主要议题，会议提出把国有独资商业银行改造成治理结构完善、运行机制健全、经营目标明确、财务状况良好、具有较强国际竞争力的现代金融企业。具备条件的国有独资商业银行可改组为国家控股的股份制商业银行，条件成熟的可以上市。2003 年，中国银行业监督管理委员会成立，成为负责银行业管制的专门机构。《中国人民银行法》《商业银行法》进行了修订，并制定了《银行业监督管理法》。

当前国有商业银行改革采取了"商业化—股份化—上市"模式，通过财务重组来剥离不良资产和提高资本充足率，引入战略投资者，在国内和海外上市，目的是完善企业公司治理和内部控制机制。2003 年年底，向中行、建行分别注资 225 亿美元；2005 年 4 月，向工行注资 150 亿美元。2005 年，建设银行引入美国银行、亚洲金融等战略投资者，并在香港成功上市。中国银行和中国工商银行也同样引入战略投资者，并分别于 2005 年和 2006 年上市。

7.1.2 银行业改革对市场约束机制的影响

在渐进的银行业改革过程中，不同的改革措施和制度框架对各种市场主体的激励存在明显差异，对市场约束机制产生不同的影响。当前的银行业改革受到历史路径的影响，总结历史经验对未来市场约束改进有重要的借鉴意义。

1. 计划经济的改革起点对市场约束的影响

在计划经济时期，经济计划是约束银行行为的唯一力量。管制约束和内部控制合并成为机构的行政管理更为合理，中央银行和商业银行的分立没有实际意义。在国家信用的担保下，由于不存在竞争和银行的倒闭威胁，存款人作为唯一的债权人没有动机约束银行。这一阶段是管理者道德风险和存款人约束动机都不存在的时期。

从西方发达市场经济国家银行放松管制的过程来看，改革的起点也是政府对银行的严格控制导致市场力量无法发挥作用。但是，本质区别是西方国家的整体经济和银行运行模式是市场化的，市场力量能够在管制放松后迅速发挥作用，而计划经济转型国家的市场力量发挥作用要依靠整个经济的转型过程。

2. 政府干预对市场约束的影响

四大国有银行在专业银行的模式下，同时履行商业银行和政策性银行的职能。银行名义是自负盈亏、自我约束的企业，还要执行宏观调控和产业政策，国有独资的专业银行的内部治理仍然是行政管理模式。银行管理者的目标不仅是使企业的利润最大化，政府管制目标的中心也不是银行业的健康稳健，银行管理者和管制当局还要关注政策的执行。

因此，银行体系的系统风险没有受到重视，经营不佳的国有企业的大量坏账将转嫁到银行体系，银行体系的问题很难区分是银行管理者还是政策负担造成的，银行管理者没有动机来控制银行风险。在这种情况下，即使市场参与者采取行动来对银行冒险行为进行惩罚，约束力量也远远低于政府政策的约束。

3. 无序的市场竞争对市场约束的影响

改革开放初期，为了拓宽融资渠道和促进银行效率，国家逐步放松了银行业市场准入限制。截至1992年年底，中国有4家专业银行、9家全国性和区域性商业银行、59000家农村信用社和3900家城市信用社。竞争激励了银行规模的扩张，同时也刺激许多银行采取过度冒险，使银行体系积聚巨大风险。特别是许多农村信用社和城市信用社的资本已经成为负值，不良贷款比例超过了20%。从1993年7月开始，国家大力整顿金融秩序，直到1996年的经济“软着陆”。

广东恩平的“金融事件”是一个非常典型的案例。1994年2月—1995年11月，建设银行恩平市支行长期通过高息贴水吸收存款和账外拆借资金的方式，违规吸收32亿多元，以发放流动资金的形式向企业违规发放账外贷款共计人民币25亿多元和港币240多万元。其违规发放的贷款大部分无法收回，造成国家经济损失人民币约36亿元，港币368万元。1995年中，金融风波首先从建行恩平支行爆发，建行总行被迫调集20亿元资金支付，风波才得以平息。但事情并没结束，建行兑付的巨额资金，被农行所属的信用社高息吸存，又引发了1997年年初第二次金融风波。由于一时兑付不了那么多存款，愤怒的恩平人曾多次示威，有人甚至抬着棺材到政府门前游行。

上述现象就是改革中普遍存在的“一放就乱，一乱就收，一收就死”现象，“一放就乱”的根本原因是没有形成有效市场约束机制，“一收就死”则体现了管制约束缺乏灵活性。在没有良好的信息披露和存在完全政府担保的情况下，增加竞争很容易导致银行过度冒险，市场力量不能有效控制银行冒险，最终结果是银行挤兑和政府承担银行冒险责任。这种现象代表了改革过程中普遍存在的一个错误认识：市场经济是自由竞争的经济，放松管制就能够自动建立有效的市场机制。市场“看不见的手”实际是由各种有形的合约构成，市场绩效依赖于市场参与者与企业合约的有效履行。引入竞争只是促进了银行管理者利益最大化的动机，这个目标与银行稳定的目标并不一致，需要同时建立有效的内外部约束机制，才能保持银行业的良性发展。

4. **当前银行业改革思路的评析**

当前，国有商业银行选择“商业化—股份化—上市”的改革模式，体现了改革思路由简单管制和放松管制转向构建现代银行制度，这种重大转折体现了银行改革走向了更深的层次。

但是，上市并非改革的终点，上市只能改善银行内部治理问题，内外部约束机制同时发挥作用才能保持银行业稳定。我国上市公司大股东掏空企业的案例已经很多，例如“猴王”和“科龙”等案例。我国国有商业银行虽然引入的是战略投资者，但“逐利”是企业的基本动机，外资企业掏空发展中国家企业的案例也很多。管制机构要求四大国有银行国有控股，这只能部分控制其他股东的道德风险，国有股份毕竟要代表国有股东利益。由于银行杠杆比率较高，股东更有动机来侵害债权人的利益。因此，银行债权人等市场参与者必须控制银行行为来保护自身利益，但存在诸多因素阻碍市场力量发挥作用，需要通过更加深入的改革来建立有效的市场约束机制。

7.2 中国银行业市场约束实证研究：计量与案例分析

对于市场约束的实证研究主要集中在美国，近期对欧洲的研究也逐渐增多。中国的市场参与者是否采取行动控制银行风险，需要实证证据进行有力支持，本节分为主要银行的面板数据计量分析和光大银行案例分析两部分。计量分析市场银行业整体来考察市场约束，选择同时具有现代治理机构和历史包袱的光大银行案例分析，则是个体的问题来提出加强市场约束的必要性。

7.2.1　存款人对银行的数量约束的计量分析

虽然已经有多家银行上市和发行次级债，但时间短而且市场噪声较大（如次级债市场流动太差），这些方式不适合采用。由于我国的存款利率还没有市场化，存款的价格约束也无法考察。从约束渠道来看，目前可以获得较长时期数据进行分析的只有存款数量约束。

1. 样本与数据

本研究选择了中国13家主要银行为样本，分别为中国工商银行、中国农业银行、中国银行和中国建设银行4家国有银行和交通银行、中信银行、兴业银行、广东发展银行、深圳发展银行、浦东发展银行、民生银行、招商银行和华夏银行9家股份制商业银行。光大银行2004年以后没有公开披露信息，所以没有将其作为样本进行考察。

数据期限是2000—2005年的年终数据，2000—2004年数据源自《中国金融年鉴》，2005年度数据来自各银行年报。

2. 模型

在有显性存款保险的情况下，对数量考察通常会选择研究银行风险因素或是基本实力因素对无保险存款的影响①。由于我国目前尚未建立显性存款保险，单个银行的不良贷款信息无法从公开渠道获得，所以选择研究银行基本实力因素对银行全部存款数量的影响。

$$D_{i,t} = \beta_i + \beta_1 ROA_{i,t-1} + \beta_2 ROE_{i,t-1} + \varepsilon_{i,t} \tag{7-1}$$

其中，$D_{i,t}$代表i银行在t时间的存款的年增长率，即$\Delta Deposit_{i,t}/Deposit_{i,t}$；$\beta_i$代表$i$银行的固定影响（Fixed Effect）；$ROA_{i,t-1}$和$ROE_{i,t-1}$分别代表$i$银行在$t-1$时间的资产收益率和资本收益率，参照Martinez Peria和Schmukler（2001）的模型，$t-1$代表了存款人根据上一期的数据来改变当期的行为，资产收益率（ROA）和资本收益率（ROE）为银行基本实力的指标。

---

① 例如Maechler和McDill（2006）。

为了克服计算中出现的异方差等问题，对上述模型两端同时进行自然对数运算，从而得出新的模型。

$$\ln D_{i,t} = \beta_i + \beta_1 \ln ROA_{i,t-1} + \beta_2 \ln ROE_{i,t-1} + \varepsilon_{i,t} \qquad (7-2)$$

3. 结果及其解释

选择软件 EVIEW 5.1 进行计算，得出如下结果：

$$\ln \hat{D}_{i,t} = 0.39246 + 0.57999 \ln R\hat{O}A_{i,t-1} - 0.45637 \ln RO\hat{E}_{i,t-1} \qquad (7-3)$$

$$(0.3761) \qquad (1.9838) \qquad (-1.8663)$$

$R^2 = 0.3447 \quad DW = 1.8629$

从上面统计结果可以看出：银行存款增长率与 *ROA* 呈正相关，而与 *ROE* 呈负相关。*ROA* 和 *ROE* 都是银行基本实力指标，与存款增长率呈正相关能够显示存在市场约束。出现这种相反趋势的情况，也符合中国银行业的实际情况。本书认为这种结果并不是反映存款人对银行基本实力变化做出反应，而是政策因素引发的结果。由于国内银行长期存在资本不足的状况，为了达到巴塞尔协议最低资本标准，各银行几年来迅速补充资本，从而导致资本收益率（*ROE*）与存款增长率的负相关。同样，几年来一些银行经历了多次的不良资产剥离，从而使银行资产收益率与存款增长率正相关。

7.2.2 缺乏市场约束下的道德风险：光大银行的案例

上面的计量分析的样本包括了四大国有商业银行和绝大部分股份制商业银行，他们之间存在着一定的制度性差异，受到的政府支持也不同，这些银行基本实力是无法测度的。对于中国银行业当前改革的路径，体制改革已经成为主线。这一部分研究是通过案例来实证检验这一思路，论证公司治理改革仍然不能有效控制银行道德风险，显示加强市场约束对维护银行稳定的重要性。

1. 光大银行问题成因

第一，历史包袱。1999 年，光大银行按照账面原值从国家开发银行全面接管原中国投资银行的资产、负债、所有者权益，当时中国投资银行有 29 个分支行的 137 家同城营业网点转让给光大银行，中国投资银行当时不良资产近 300 亿元，其不良贷款率高达 69.4%。光大银行完成接管以后，自身的不良贷款率从14%迅速上升到36.8%。

但是，李箐（2006）例举了光大银行从财政部通过账务处理、冲减差额等获得了优惠措施，还从央行获得了很多再贷款。从总体情况看，接手中国投资银行造成的损失，早就由国家用政策和资金补上了，问题出在光大集团身上。

第二，管理者的道德风险。2002年7月17日，财政部公布了《关于对中国光大银行会计信息质量检查结论和处理决定的通知》，指出光大银行在会计基础工作、资产和负债核算、所有者权益核算、损益核算、税收以及关联交易六个方面存在诸多问题。特别是关联交易方面，光大集团长期无偿占用光大银行资金而没有收取相应资金占用费。1997年年底，光大银行将持有的三家公司的股份转让给光大集团，总价款6086.09万元，光大集团无偿占用资金时间达两年零四个月，光大银行没有计提和收取资金占用费，也没有进行必要的会计核算和账务处理。2000年9月，光大银行进行第二次增资扩股。光大集团增资扩股所需要补充的资金未到位，采取由光大银行整体租赁光大大厦，租赁期限20年，一次性支付租金来筹集光大集团资金，虚增入股资金63480元。

李箐（2006）提到光大集团通过使用光大银行资金偿还光大信托的债务，光大集团曾在内地和香港大量投资房地产和实业项目，失败居多，这部分债务同样很大程度上转嫁给光大银行。

2. 市场约束视角的透视

对于光大银行的案例分析，最终仍然是要考察其中市场约束的作用，可以归纳为以下方面：

第一，存款人约束不明显。本书选择了与光大银行规模和体制相似的中信银行和招商银行作为参照，考察存款人约束状况。从存款增长率来看，光大银行在2004年和2005年都低于其他两个资本充足的银行，但是在资本严重不足的情况下，光大银行的存款增长率仍然超过了10%，没有出现负增长的状况，存款人没有明显的从数量上约束银行（见表7－1）。

表 7－1　　光大银行与中信银行、招商银行存款增长率比较（2003—2005）

	光大银行			中信银行			招商银行		
	存款总量（亿元）	存款增长率（%）	资本充足率（%）	存款总量（亿元）	存款增长率（%）	资本充足率（%）	存款总量（亿元）	存款增长率（%）	资本充足率（%）
2005 年	4500	17	2 >	5059	19.25	8.11	6344	23.77	9.06
2004 年	3853	12.3	2 >	4514	21.58	6.05	5126	25.98	9.55
2003 年	3439	28	4.65	3713	21.05	8.90	4069	33.7	9.49

资料来源：各银行相关年度年报。

第二，持股人约束明显。光大银行没有公开上市，其主要股东光大控股（000165）在香港上市，两者联系非常紧密。因此，本书利用光大控股的股价变化从侧面反映光大银行的持股人约束。光大控股的股票价格表现出了明显的信号，2004 年 5 月股票价格曾经下跌到接近 2 港币，此后长期低于 5 港币，光大银行的业绩不佳对光大控股股价下跌有直接影响。2006 年年底，股价出现了大幅上涨，普遍认为这是与政府准备进行注资相联系（见图 7－1，图7－2）。

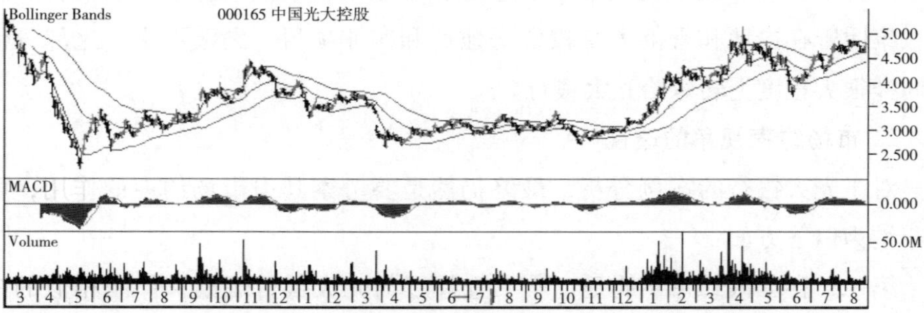

图 7－1　光大控股股价变化趋势（2004. 3—2006. 8）

第三，公司治理仍然不能有效控制银行道德风险。光大集团将债务转嫁光大银行已经得到了财政部等权威部门证实，光大银行作为股份制银行，产权结构包括亚洲开发银行等非国有股东，公司治理机制是相对健全的。郎咸平（2004）认为光大案例表明：中国现在银行改革的思路实施三步走战略，

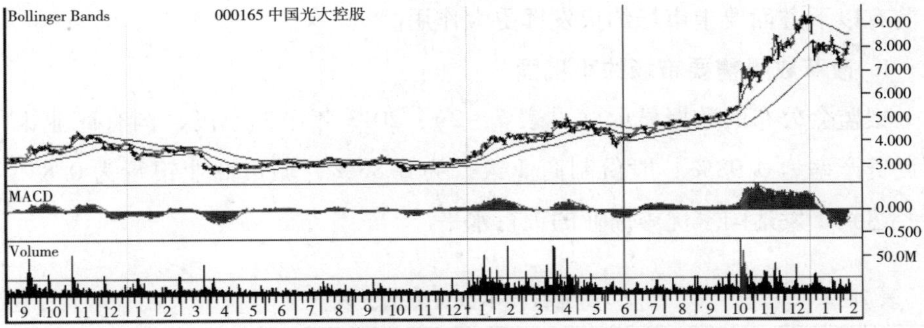

图 7－2　光大控股股价变化趋势（2005.9—2007.1）

即商业化—股份化—上市，是错误的。这些银行上市什么问题也没解决，只是在圈钱，他认为银行改革不可能在法治化健全以前实现。本书认为没有有效的市场约束是导致债务转嫁的根本原因，公司治理的目的是实现股东利益最大化，银行高杠杆的特点决定了银行管理者有侵害存款人和债券持有人利益的道德风险。股东挪用和侵占银行资产需要权衡这种方式成本，如果存在存款人挤兑或是索要更高利率，管理者为了避免市场参与者的惩罚就会放弃这种动机。

第四，政府隐性担保支持维持问题银行继续运行。资本充足率为负值的情况下，银行在经济方面已经没有清偿力。在政府补充资本和隐性存款保险的预期下，银行可以通过吸收新的存款弥补损失缺口。

7.3　中国银行业市场约束的必要性与阻碍因素

国外经济学家和官员已从多种角度阐述了发挥市场约束的积极作用，这些见解都是针对本国银行业发展的实际状况提出的。当前，我国银行业正是全面改革和开放的关键时期，外部和内部诸多因素都要求加强市场约束，同时也存在一些阻碍因素制约市场力量发挥作用，需要在进一步的改革中消除。

7.3.1　加强市场约束的必要性

市场约束是银行业内在的稳定机制，与管制约束的作用相互替代和补充，目前有以下方面要求市场约束发挥更大作用。

1. **改革成果需要市场约束巩固**

银监会公布的数据显示（见表7－2）：2013年第四季度，国有商业银行不良资产率为0.98%，股份制商业银行为0.83%，城市商业银行为0.87%，已经达到了发达国家优秀商业的银行水平。

表7－2　商业银行不良贷款情况表

		国有商业银行	股份制商业银行	城市商业银行	农村商业银行	外资银行
2013年第三季度	余额(万元)	3365	1026	526	656	62
	比例（%）	0.98	0.83	0.87	1.62	0.57
2006年第四季度	余额(万元)	10534.9	1168.1	654.7	153.6	37.9
	比例（%）	9.22	2.81	4.78	5.90	0.78
2004年第一季度	余额(万元)	18898	1878			
	比例（%）	19.2	7.1			

资料来源：中国银监会网站。

低水平的不良资产降低了单个银行的专有风险和银行体系的系统风险，资本充足的银行数量的增加提高了银行抗风险能力，中国银行的健康和稳定的状况得到了改善。但是进一步探究这种状况的原因，这种迅速的变化源于政府的政策支持。2003年，中国银行和中国建设银行分别获得225亿美元注资，并且剥离2787亿元可疑类不良资产；2005年，中国工商银行获得150亿美元注资，剥离4600亿元可疑类贷款。数据显示，2006年年底，农行不良贷款率为23%，如果扣除因政策性因素承担3000亿元不良贷款，农行需要剥离的不良资产仍然高达近万亿元，才能达到监管目标。城市商业银行与国有商业银行的处置类似，数据显示：2006年12月末，已有59家城商行累计置换、剥离不良资产685.05亿元，17个省区的地方政府对城商行进行了注资。

国际货币基金组织（IMF）的研究人员Podpiera（2006）研究显示：虽然三个国有商业银行获得注资，引入新的治理机制和战略投资者，但是银行行为没有发生变化。在进行贷款决策时，仍然存在更多信用风险进行差别定价，也没有显示考虑企业赢利状况。

很显然，注资和剥离不良资产只是治标，1998 年的对国有银行注资和 1999 年的不良资产剥离就没有起到明显效果，银行在随后很短的时间又积聚了大量不良资产。有效控制银行行为才是治本，需要建立起有效的约束机制。当前的公司治理改革只能解决内部控制问题，银行可能为了股东利益最大化而牺牲债权人的利益，需要加强市场约束才能有效维持银行稳定，特别是在事前阻止银行冒险。即使在公司治理不健全的情况下，通过市场约束来惩罚银行管理者，市场参与者要求风险溢价或是不与银行交易，也能减少市场参与者潜在损失。

2. 传统管制模式需要市场约束和补充

2006 年，中国按照加入 WTO 的承诺如期全面向外资开放银行业，银行业开放迫使中国银行业和管制机构必须与国际接轨。

2003 年颁布的《银行业监督管理法》参照西方发达国家模式，其理念和管制方式都是以市场经济为基础。但是，在中国银行实际管制过程中，计划经济的行政指令方式仍然是主要手段。政府对四大国有银行下达每年下降 3% ~5%不良贷款率的指标，结果看上去计划指标是完成了，却造成了 2002—2004 年银行业的信贷严重失控。随着外资银行的进入和国有银行引入战略投资者，这种行政方式显然不能继续使用。

管制机构采取具体指标的方式显然没有形成相容的激励，反而引起了银行的道德风险。作为银行密切的利益相关者，市场参与者的收益直接与银行风险相联系，市场信号能够成为管制者用来检测银行风险变化的指标，通过控制银行冒险行为能够更好地降低不良贷款率。

因此，有效发挥市场机制，有利于减少管制者决策的盲目性和随意性，引导管制者对问题银行采取有效管制措施。市场约束是各国监管机构倡导和国内外银行普遍接受的约束形式，增强市场约束力量来补充管制显得十分必要。

3. 市场约束在日益复杂的金融环境中更具优势

据银监会统计数据显示，2012 年，银监会督导各银行业金融机构开展五级分类自查工作，1700 余家法人机构、49600 余家分支机构进行了自查，自查贷款 51.5 亿元。在银行业金融机构自查基础上，有针对性地进行现场检查，共抽查 770 余家法人机构、9000 余家分支机构、2.9 万亿元贷款。[①] 通过加强现场检查处理违规行为是管制机构普遍采用的方式，随着金融组织和业务复杂性的不断增加，对管制机构人员数量和检查成本的要求越来越高。从上述数字可以看出银监会承担了巨大的业务压力，但并不能保证所有机构都能获得实时的监督。

国内银行业需要在经营策略、产品研发和组织模式等方面不断创新，来适应市场更加快速的变化。例如，外资银行在国际市场长期从事混业经营，在金融服务质量和效率方面具有优势，国内银行走向混业经营是一种必然趋势。花旗等银行已经被允许经营理财业务等金融衍生品，国内银行也纷纷推出新产品进行竞争。

从国外的监管实践来看，国外银行的金融创新往往能够避开管制规则，迫使管制机构修改规则来适应银行业发展。在日趋复杂的金融环境下，大量具有专业知识的市场参与者对银行风险约束覆盖所有机构，对于金融创新的约束也不像管制约束那样受规则的制约，能够实时和持续地约束银行冒险。

4. 新巴塞尔协议的内在要求

新巴塞尔协议中的最低资本要求仍然是协议的核心，其特点是采用银行内部评级来确定风险暴露和所需资本。巴塞尔委员会只设定最低适用标准，而没有指定银行风险管理政策及具体细节。允许各银行及其管制机构在衡量信用风险及操作风险时，根据所在金融环境及自身运营状况选择适合的计算方法。

新的资本充足要求给予银行更多的自主权，目的就是避免原有资本协议带来的管制扭曲，基于规则的管制约束显然不利于发挥新资本协议的优势。市场约束与银行内部评级都是基于市场变化，能够更好地控制银行冒险行为。

自 2013 年 1 月 1 日起，《商业银行资本管理办法（试行）》开始实施。这一文件是根据第三版巴塞尔协议（Basel Ⅲ）制定，与国际金融监管体系改革

---

① 中国银监会．中国银行业监督管理委员会 2012 年报。

密切相关。协议更加强调了建立全面风险管理架构和内部资本充足评估程序。这一文件对金融机构风险暴露、公司风险暴露、零售风险暴露、股权风险暴露都有了明确的风险控制指引，对相关的市场参与者控制风险提供了参考。

7.3.2 市场约束的阻碍因素

Llewellyn（2005）认为结构性阻碍因素通常在许多发展中和新兴市场国家比工业化国家更加强大，特别是信息披露要求更低，国有银行数量更多，更容易趋向宽容，存款保险方案更广泛，市场更少、更不稳定、更缺乏效率，从而市场约束更加难以发挥作用，利益相关者也降低动机进行高成本的监督。

中国虽然经历了三十多年的经济体制改革，许多阻碍市场机制发挥作用的因素仍然没有消除。其中一些独特的因素明显与其他发展中国家存在差异，需要结合中国的实际特点来进行分析。

1. 金融市场不能有效对风险定价

2013 年 5 月，李克强总理在瑞士金融界人士午餐会上发表演讲时提出：坚定不移地推进金融市场化改革，健全现代金融体系，加快发展多层次资本市场，稳步推进利率市场化、汇率市场化的改革。同时，深化境外战略投资者与中资银行的合作，稳步推进股票、债券、保险市场对外开放。

这两项任务实际上是相互联系，相互促进的。银行改革给金融市场发展提供了良好契机，银行上市发行股票和债券给金融市场注入了新的活力；金融市场的发展能够为市场参与者提供有效渠道来控制银行风险，促进银行巩固和发展改革成果。

国家统计局《2012 年国民经济和社会发展统计公报》显示，全年上市公司通过境内市场累计筹资 5841 亿元，比 2011 年减少 939 亿元。其中，首次公开发行 A 股 154 只，筹资 1034 亿元，减少 1791 亿元；A 股再筹资（包括配股、公开增发、非公开增发、认股权证）2093 亿元，减少 155 亿元；上市公司通过发行可转债、可分离债、公司债筹资 2713 亿元，增加 1006 亿元。全年公开发行创业板股票 74 只，筹资 351 亿元。

作为全球第一大新兴股票市场的中国，金融市场发展相对落后。虽然通过改革减少了一些制约因素，但仍然存在一些问题。金融市场的不发达导致了市场信号噪声偏高，与企业风险状况缺乏相关性。吴琼（2006）以1993年1月—2005年7月的沪深A股股票市场为考查对象，通过实证分析发现中国证券市场存在明显的反应过度。同样，陈国进和范长平（2006）的研究也表明我国股票市场的确存在过度反应。梁朝晖和张维（2006）以2003年上海综合指数每日数据时间序列为研究对象，研究表明股票市场的超额回报中，除了传统的风险补偿外，还包括了对不流动性的补偿。我国商业银行通常在银行间市场发行债券。刘裕荷等（2006）实证分析表明，造成我国银行间债券市场回购利率波动性状态转移的最主要原因是政策因素。

金融市场信号的噪声偏高会严重阻碍市场约束机制，市场参与者无法准确对银行风险定价，同时管制者也无法采用市场信号改进管制约束。中国金融市场长期以来以“政策市”著称，与国外发达金融市场相比，政策因素对市场变化的影响更加显著。

因此，为了减少金融市场存在的银行业市场约束的阻碍因素，必须进一步完善金融市场，同时要减少政策的过多干预。美联储前主席格林斯潘指出：中国股市应该顺其自然发展，政府不要过多干预，应该放手让市场按其自身轨道发展。

2. 国有股权和国家信用担保

当前银行改革的重点已经放在公司治理的改革，对于银行经理人内部激励会进一步完善。因此，将不再探讨银行管理者是否能够对市场约束做出充分的反应，而只探讨市场参与者能否有动机控制银行风险。

从资本金来源来看，国有资本仍然是国内银行的主要来源。四大国有银行已经或是将要引入战略投资者，国有股仍然要达到绝对控股比例。14家股份制商业银行的股权是多元化的，大多数银行的主要股东仍然是国有法人股。国务院发展研究中心金融研究所（2005）研究显示：各地方政府在城市商业银行平均直接持股比例是24.2%；再加上地方政府通过其他企业或机构间接持股的数量股比重为23.7%，而国有资本（包括地方政府）的持股比例则达到76.3%左右。

以城市商业银行为例，在银监会组建前全国城市商业银行平均不良贷款比例为24%，平均资本充足率为－2%左右。截至2005年年末，城市商业银行的总体资本充足率仅为2.7%，离8%的最低监管要求相差甚多。在117家城市商业银行中，有80%左右的银行未能达到这一要求，相当一部分银行的资本充足率甚至为负数。直到2006年中国银行业即将全面对外开放之前，才大幅剥离不良资产和由政府进行注资。没有存款人挤兑的威胁，这些银行没有动机及时补充资本和控制风险，管制机构也没有动机及时处置这些危险银行，银行不良贷款率长期居高不下。

资本充足率为负和不良贷款率高达20%以上，银行在经济上已经没有清偿力，存款人等债权人面临巨大的清偿风险。城市商业银行规模普遍偏小，不存在"太大而不能倒闭"的预期，存款人没有挤兑银行的原因有两个：一是完全隐性担保，我国的银行业长期作为行政部门和受到国家信用支持，从以往金融机构倒闭的案例来看，中小债权人都得到了全额补偿。二是国有股权，以城市商业银行为例，地方政府平均直接持股比例为24.2%，地方政府是银行主要直接利益相关者，市场参与者预期政府为了避免股权损失而动用政府资金救助银行。因此，市场参与者遭受损失的可能性就会减少，约束银行行为的动机也就会削弱。

国有股权和国家信用担保阻碍市场约束的根源不是所有制问题，而是政府对问题银行风险承担无限责任造成的，没有形成对市场中直接参与各方的有效激励。解决的办法就是让市场参与者面临风险，国有股东承担银行倒闭有限责任，通过显性存款保险制度有限的保护中小存款人。随着银行倒闭可能性的增加，存款人等市场参与者就有动机来限制银行所有股东的行为，同时也起到监督管制者的作用。

3. 管制法规的不完善和执行的随意性

现代市场经济作为一种体制的根本游戏规则就是基于法治的规则。一个坏的市场经济体制不同于一个好的市场经济体制的基本原因是国家（或政府）与经济人（企业与个人）的关系定位不对，而问题的根源正是由于没有好的（即较完善的）法治基础（钱颖一，2000）。银行业市场约束机制的作用效果同样与相关法规紧密联系，法规不完善和执行的随意性会扭曲市场参与者的激励，从而限制市场力量发挥的积极作用。

作为向市场经济转型国家，管制机构影响银行的手段长期沿用行政方式，相关法律法规不完备，管制者在处理问题时存在较大的随意性。巴茨等（2006）认为：一个有效的法律体系应该保护银行不受问题债务人的侵害。然而，中国银行业仍然存在不能完全保护债权人权益的法律障碍。其一，银行法没有彻底阻止对银行体系的行政干扰。尽管《人民银行法》和《商业银行法》有明令禁止，但仍为行政干预贷款程序留有很大的空间。其二，破产法与抵押法没有为债权人提供足够的保护，过时的破产法在企业破产清算过程中能够给予债权人的权力甚少。其三，银行机构对问题债务人的管制权力有限。

存在不能完全保护债权人权益的法律障碍，更重要的是没有维护债权人自我控制银行行为的机制，主要可以归结为立法和执行两方面：

第一，立法方面。我国在1995年出台了第一部《人民银行法》和《商业银行法》，2003年修订和颁布的《中国人民银行法》、《商业银行法》和《银行业监督管理法》是当前银行法律体系的核心，国务院颁布的行政法规和人民银行、银监会颁布的条例也是重要的组成部分。信息披露和破产两方面的法律对市场约束机制的影响最重要。信息披露方面，2002年中国人民银行颁布的《商业银行信息披露暂行办法》是主要法律依据，虽然时间晚而且立法的层次低，但在规范和提高银行透明度方面起到了重要作用。银行破产方面的法律缺陷是当前突出的问题，目前尚未颁布针对银行或是金融机构的破产法，银行破产只能依据《银行业监督管理法》、《商业银行法》的一些条款的简要规定和《破产法》等适用普通企业的法律。目前，银行很难以市场方式破产，市场参与者对银行破产而遭受的损失没有稳定预期，市场机制就很难发挥作用。因此，有必要制定《金融机构破产条例》等专门针对银行业的法规，形成有效市场激励规则。

第二，管制宽容和随意。经过长期的改革，我国银行业的管制方式日趋规范，但是传统的行政干预仍然没有完全放弃，管制宽容和过度的情况依然普遍存在。周小川认为："如果用资本充实率来要求我国的银行类机构，目前存在的一个主要矛盾就是改革转轨过程中形成的历史包袱不同，难以用一个统一的标准来要求和衡量。应通过更加有力度的改革，使得历史包袱问题基本得以解决，就能用更严格的资本充实率标准进行监管，同时也使之成为银行自身治理和经营管理的中心目标。”从改革实践来看，无论是注资或是资产重组等措施，“历史包袱”成为政策选择的重要依据。虽然，解决历史包袱是必要的，高度的复杂性需要政策上的灵活性。但是，管制机构没有向市场参与者明确历史问题解决的标准，市场参与者希望未来银行出现问题时仍然按照宽容的标准处理。

目前，历史问题已经得到妥善解决，新出现问题的规范化处理已经成为需要解决的关键问题，有必要建立和执行严格、可信的纠正机制，才能有效激励市场参与者的约束动机，避免银行管理者推脱责任。

7.4 加强中国银行业市场约束的对策

从我国的情况来看，激励机制本来就特别薄弱，需要把大家使用的手段加在一起，才能更加充分地建立、完善激励体系，并更有效地防止“逆向选择”和“道德风险”（周小川，2003）。

市场约束与管制约束、公司治理的一个区别是参与者主体众多，各种参与者的激励结构不同，加强市场约束的改革措施也更加复杂。因此，本书提出以下几个方面作为今后改革的重点。

7.4.1 增加银行透明度

由于长期按照计划经济模式运行，我国银行业缺乏主动信息披露的激励，强制信息披露制度在近年来才开始逐步建立。1995 年《商业银行法》规定商业银行应当于每一会计年度终了三个月内，公布其上一年度的经营业绩和审计报告。由于缺乏对信息披露内容、标准、程序的详细规定，各银行的透明度没有明显的提高。2002 年 5 月，中国人民银行公布了《商业银行信息披露暂行办法》，成为中国银行业信息披露制度开始建立的起点。办法规定各商业银行应披露财务会计报告、各类风险管理状况、公司治理、年度重大事项等信息，鼓励商业银行通过媒体向公众披露年度报告的主要信息。办法公布以后，四大国有银行和股份制商业银行都从 2003 年开始执行。银监会自 2004 年开始选择 70 家城市商业银行分批开展了信息披露试点工作，城市商业银行自2006年起全部建立信息披露制度。

我国银行业强制信息披露制度是以新巴塞尔协议为基础建立，其规则借鉴了发达国家信息披露制度，融入新巴塞尔协议对信息披露的具体要求。银行透明度不足是由于规则设计需要改进，更主要因素在于银行的执行情况。2005年3月，银监会公布了对试点城市商业银行信息披露的检查结果，显示“信息披露方式和年度报告编制仍有待逐步规范和完善，主要问题是年度报告基本信息要素不全，照搬其他行年度报告格式，内容简单、不真实，不能反映经营管理状况和业务水平等”。

为了使强制披露的效果更加有利于发挥市场约束，以下方面需要进一步改进：在及时性方面，中国银行业主要以年报和半年报的形式进行信息披露，年报要求在每个会计年度终了后的四个月内披露。增加季报、月报和重大事件及时报告的形式，报告的准备期限也应该适当的缩短；在有效性方面，各银行年报的主要内容是财务报表，对于市场参与者利益最相关的风险暴露和资本充足状况的披露不足，通常只披露结果而不提供形成原因和过程，银行进一步增加风险和抗风险能力的因素的披露需要加强；在真实性方面，对于减小信息收集和处理中的误差，需要通过采用更加先进的技术手段和规范的方式改进。对于主观隐瞒和拖延不利信息披露的行为，相关法规中缺乏具体惩罚措施，需要在这方面对法规进行补充完善；在可比性方面，在会计规则和评估程序等方面应该达到标准、统一和国际化。同时，各种披露信息应该更加明确、清晰，便于市场参与者收集和整理来进行对比。

对于银行的信息披露的约束不仅来自于管制者，更主要的是来自市场参与者。随着国内银行的竞争日益加剧和国际化步伐的加快，国内银行面临的市场参与者的类型和数量不断增加，市场参与者会越来越多地要求银行提供他们关切的信息。因此，除了达到管制的强制披露要求，银行更多的主动信息披露是获得市场信任更加有效的方式。

7.4.2 建立设计合理的存款保险制度

1993年，《国务院关于金融体制改革的决定》提出：“金融机构经营不善，允许破产，但债权债务要尽可能实现平稳转移。要建立存款保险基金，保障社会公众利益。”我国银行业的改革已经在许多方面取得了进展，但相应的存款保险制度至今尚未出台，准备工作也是在近几年才逐步展开。2003 年，人民银行设立了存款保险处，成为建立和执行存款保险制度的专门机构。十年过去了，我国存款保险制度仍然在酝酿之中。2013 年 11 月，十八届三中全会提出：“建立存款保险制度，完善金融机构市场化退出机制。”存款保险制度的推出已经越来越近，对于推动金融体制改革具有重要的意义。

在显性存款保险制度建立以前，我国实际上一直都在实行隐性存款保险。从以往金融机构倒闭的案例可以看出，在倒闭前后债权人都认为有国家信用担保而不会遭受损失，缺乏约束银行风险的动机。实行限额赔付使存款人面临遭受损失的可能，存款人在选择银行时有动机充分考虑银行风险。各方对存款保险制度基本框架已经达成共识，包括实行限额赔付原则、强制存款保险、风险相联系的差别费率、投保机构按期缴纳保费和存款保险机构具有维护存款保险基金安全职能。

建立显性存款保险，主要目的是防止对有清偿力而缺乏流动性银行的挤兑，同时也对存款人有限保护。银行倒闭时存款人将会受到损失，将激励存款人约束银行冒险行为。对于城市商业银行和中小股份制银行，遭受挤兑的可能性远远高于四大国有银行，存款人对它们倒闭的预期更大。这些银行建立存款保险制度，有利于存款人对市场信息反应更加理性，防止错误的市场信息对银行造成不利影响。

但是对于四大国有商业银行而言，“太大而不能倒闭”的影响是现实存在的。国家统计局公布的《2012 年国民经济和社会发展统计公报》显示[①]：初步核算，全年国内生产总值 519322 亿元；中国工商银行 2012 年年报称：截至 2012 年年末，各项贷款余额 175422 亿元，各项存款余额 136429 亿元，分别占当年 GDP 的 34% 和 26%。四大国有银行任何一家倒闭必定会引起经济危机，不单单是银行业危机，这些银行与各方面的债权和债务关系几乎涉及所有领域。因此，存款保险制度对四大国有银行和存款人都没有足够的激励。

按照各方面的共识，所有银行必须参加存款保险。如果能够完全根据风

① 国家统计局网站：http：//www. stats. gov. cn/

险来确定费率，存款保险制度本身就能够将银行风险内部化，有效激励银行控制风险。存款保险制度的关键在于保费的定价，定价机制需要真实反映银行风险状况与保费直接的联系。由于我国各银行在资产、资本和风险状况方面存在显著差异，实行统一费率显然不符合我国银行业的现状，统一费率会引发银行道德风险。在资产数量相同的情况下，银行缴纳相同的保费，会选择优先安排高风险、高收益的业务。同时，由于四大国有银行倒闭可能性较小，缴纳的保费就成为其他银行过度冒险的补贴。因此，有必要逐步推行基于资本充足率和风险内部评级等因素的定价机制。

因此，强制全部参保不是当前存款保险制度的最佳选择。中国可以效仿美国 FDIC 和 FSLIC 分立的模式，分别成立股份制银行与城市商业银行参与的中小银行存款保险机构和四大国有银行参与的存款保险机构。中小银行都不受“太大而不能倒闭”的影响，需要通过存款保险来稳定存款人的信心，有利于这些银行与大型银行竞争存款。四大国有商业银行的存款保险机构，主要目的不是应对流动性的问题，而是缓冲大的银行业危机带来的负面冲击，目的都是为了维护中国银行业的稳定。

7.4.3 推动存款利率市场化

1993 年 12 月，国务院《关于金融体制改革的决定》提出，我国利率改革的长远目标是建立市场资金供求决定各种利率水平的市场利率体系。1996 年我国利率市场化进程正式启动，基本原则是“先外币后本币，先贷款后存款，存款先大额长期后小额短期”。银行间同业拆借、银行间债券市场实现市场化，放开外币贷款利率和大额外币存款利率，目前仍然存在存款贷款利率下限及存款利率上限的限制。2007 年 1 月，全国金融工作会议仍旧提出“稳步推进利率市场化改革”，这项改革在未来一段时间还有大量工作需要完成。经国务院批准，自 2013 年 7 月 20 日起全面放开金融机构贷款利率管制，取消金融机构贷款利率 0.7 倍的下限，由金融机构根据商业原则自主确定贷款利率水平。

从改革进程的设计来看，存款利率市场化被置于最后阶段，从进展来看也是最为缓慢的部分。目前，企业和居民的人民币存款利率上限仍然由管制机构来确定，银行能够根据存款人的类型下调利率，而中小存款人无法根据银行风险状况要求更高的风险溢价，存款人无法从价格上约束银行行为。

管制机构控制贷款利率下限及存款利率上限，实际上就是通过利差来给予银行一定的特许权价值，我国贷存款利率利差一直保持在年3%～4%，银行可以获得较高的利息收入。根据其他国家利率市场化的实践来看，利率完全市场化后的利差通常会缩小。现阶段，我国利息收入是商业银行主要的收入来源，例如，中国银行年报显示2005年净利息收入占营业收入的86.5%。因此，由于中国银行业普遍赢利能力不强，利率风险管理和控制水平不高，短期内很难实现存款利率完全市场化。

从美国利率市场化的进程来看，存款利率管制的Q条例导致了“金融脱媒”，大量存款从银行和其他存款机构流向不受利率管制的大型定期可转让存款（CDs）等货币市场工具，从而迫使美国最终废除Q条例。

目前，我国已经放开了保险公司长期、大额协议存款利率和外币大额存款利率，人民币大额存款利率的市场化对于发挥存款人市场约束具有重要意义。大型定期可转让存款具有可转让和在二级市场流通的特点，投资者对银行的风险状况敏感。2013年8月，媒体报道称中国银行、工商银行、建设银行、农业银行及交通银行已向央行上报大额可转让同业定期存款（NCD）方案，对于推动存款利率市场化改革具有标志性的意义。允许国内银行发行CDs不但有利于推进存款利率市场化，还为发挥存款人的市场约束提供了可供选择的工具。市场约束的效果依赖于整个货币市场的发展，高流动性的市场才能有效反映银行变化，存款人才能对银行的冒险行为进行合适的惩罚。

7.4.4 适时引入针对大型银行的强制次级债发行制度

2003年11月，银监会发布《关于将次级定期债务计入附属资本的通知》，允许银行通过发行次级债来补充附属资本。2004年6月23日，人民银行和银监会颁布《商业银行次级债券发行管理办法》，对银行次级债的发行进行了规范。2003年12月底，兴业银行发行总额为30亿元人民币的次级定期债务，成为国内首家依据规定实现资本补充新方式的商业银行。此后有多家国内银行发行次级债，包括国有商业银行、股份制商业银行和城市商业银行等不同类型的商业银行。国内的主要银行选择了大规模发行次级债，其主要目的就是在短期内补充资本金，达到巴塞尔协议规定的资本充足率最低标准。2012 年以来，面对《商业银行资本管理办法（试行）》的要求，各大银行再次选择了发行次级债补充资本金（见表 7 – 3）。

表 7 – 3　　2012 年中国银行业发行次级债状况

	发行规模（亿元）	利息	发行方式
中国银行	230	浮动	私募
中国建设银行	400	浮动	私募
中国农业银行	500	浮动	私募
浦东发展银行	100	浮动	私募
招商银行	230	浮动	私募
宁波银行	30	浮动	私募

资料来源：根据新闻报道整理。

我国国有商业银行长期资本充足率偏低，股份制商业银行资产的快速扩张也面临补充资本的巨大压力，以前补充资本的方式都是用于补充核心资本，发行次级债无疑为银行补充附属资本提供了重要渠道，可以推动国内外市场上市并完善公司治理结构，同时也提供了对银行进行市场约束的渠道。但是，从目前的次级债发行和流通状况来看，还不能有效发挥市场约束的作用。

从次级债发行的方式来看，普遍采用定向私募发行，发行的定价缺乏市场竞争，不能很好地反映风险溢价；私募的债券还不能够在二级市场交易，从而无法提供债券持有者对银行风险变化判断的市场信号。另外，缺乏流动性还会导致发行价格包含更多的流动性溢价因素。

从债券的持有者来看，银行间的交叉持债阻碍了市场约束的发挥。《商业银行次级债券发行管理办法》规定次级债可在全国银行间债券市场公开发行，央行、银监会有关负责人就《商业银行次级债券发行管理办法》回答记者问时明确提出允许银行相互持有次级债。在其后的次级债发行中就屡次出现了相互持债的状况。中国银行2004年第一期次级债购买者的第一位和第三位分别是建设银行（37亿元）和交通银行（18亿元）；建行2004年第一期次级债的最大买家是工商银行（25亿元），交通银行和中国银行也是主要的购买者；工商银行2005年第一期350亿元次级债的最大买家是建设银行（93.8亿元），农业银行、北京银行和光大银行也是主要购买方。交叉持债所产生的问题是显而易见的，这种方式等于银行体系中的存款转换为次级债，银行体系整体的抗风险实力并没有得到增强，反而形成了引起银行业系统风险的渠道。相互持债可以使双方合作来降低发行的利率成本。相互持债抵消了债券持有者通过价格来约束对方的动机，发行价格也很难体现银行风险状况。发行价格过低也会导致持有者在二级市场卖出时容易折价，相互持债会导致银行倾向于长期持有，从而导致二级市场很难发出有效的价格信号。

国内银行发行次级债对加强市场约束的积极意义是明显的。与没有市场化存款利率相比，次级债利率是由市场确定，并在某种程度上反映了银行状况。次级债发行的信息披露和信用评级要求，都提高了市场参与者对银行的约束。对于四大国有商业银行而言，强制发行次级债是加强市场约束的一个有效方式，发行规模已经能够使二级市场形成较高的流动性，产生的规模经济也使得大银行较中小银行获得更低的发行成本。在四大国有银行潜在“太大而不能倒闭”的情况下，次级债持有者通过价格方式约束银行控制风险，比通过存款挤兑的数量方式更加有效。

为了进一步发挥市场约束，需要对次级债政策进行进一步的规范设计。需要选择一种次级债强制要求银行发行，从而防止银行逃避市场约束。当前中国债券市场还非常不完善，银行次级债溢价受到市场流动性和政府政策等其他因素影响较大。强制发行的次级债的规模不宜过大，银行的风险暴露相应较低。在期限和发行频率方面，十年到期期限和每年有10%到期，这样就使银行受到市场持续的约束。

7.4.5 制定“双信号”及时校正措施

中国人民银行行长周小川（2003）在第六届北京科博会上发表讲话，提出应建立和完善以资本充足率（CRA）和及时校正措施（PCA）为主的金融机构激励机制。这种设想是以美国 FDICIA 的及时校正措施为参照来完善我国的相关机制，选择银行资本充足率作为及时校正措施的触发器。

2004 年，银监会针对不同类型的机构提出了相应的评级体系，先后分别颁布了《股份制商业银行风险评级体系（暂行）》、《外资银行风险评价手册》和《农村合作金融机构风险评价和预警指标体系（试行）》。2006 年 1 月 12 日，银监会发布《商业银行监管评级内部指引（试行）》（以下简称《内部指引》），适用于所有类型的银行，从而建立了统一的商业银行监管评级体系。《内部指引》是结合国内监管实践经验而建立的类似 CAMELS 的评级体系和校正措施，其中评级体系包括资本充足率、资产质量状况、管理状况、赢利状况、流动性状况和市场风险状况六个单项要素；评级结果共分为六级，作为管制机构采取及时校正措施的触发器。评级为一级和二级的银行一般是健全的机构，对于三级以上的机构会受到递增的管制制裁，对综合评级为六级的银行，应尽快启动市场退出机制，予以关闭。

《内部指引》规定对上述监管评级周期最长为一年，很显然采用评级结果作为校正措施的触发器达不到及时的效果。如果单独采用资本充足率作为触发器，没有监管评级能够全面反映银行风险状况。

中国银行监管部门尚未明确提出利用市场信号来改进管制约束，但是利用间接市场约束来维持银行业稳定已经成为一种可以选择的方式，从而建立管制信息和市场信息相互补充的“双信号”及时校正措施。当前，三大国有商业银行和多数股份制商业银行已经在国内外上市，虽然国内股票市场受到投机和政策性因素影响较大，股票价格容易获得以及持续、完整的优点比较突出。目前，虽然许多银行已经发行了次级债，次级债持有者控制银行风险的动机优于股票持有者，但是由于一级市场的发行频率和二级市场的流动性都低，次级债市场不能形成持续和有效的市场信号。现阶段，由于中国的金融市场信号质量不高，以资本充足率和管制信息作为及时校正措施会比市场信号更有效率，市场信号作为补充手段仍然具有重要价值。随着金融市场的不断发展，市场信号的优势会越来越明显，市场信号与管制信息的双触发点模式是未来及时校正措施的必然选择。

7.4.6　规范和发展信用评级行业

近年来，国内外评级机构纷纷推出中国银行业的信用评级报告。国内的机构，如中诚信国际信用评级有限公司从2004年开始连续三年发布《中国银行业评级与展望》的主动评级结果，大公国际资信评估有限公司也于2007年推出《中国银行业信用风险分析——2006—2007回顾与展望》的评级报告。国外机构，如穆迪每年会推出《中国银行体系展望》的评级报告，标准普尔也从2003年开始对中国银行业进行了持续的跟踪评级。

从评级结果来看，不同机构特别是中外机构对中国银行业的评价存在很大差异（见表7－4）。穆迪评级结果显示：2010年中资银行加权平均财务实力评级为“E＋”，为穆迪在全球范围内给出的最低水平。评级结果显示，交行、招行和浦发等股份制银行的财务实力相对强（评级为“D”），农行的财务实力最差（评级为E）；中诚信国际的结果则是国有商业银行信用级别明显要高于股份制银行，国有商业银行信用级别均为AAA级，股份制商业银行的级别则由AA＋、BB＋级别不等，大公国际与中诚信国际的评级结果基本一致。

上述结果都是各机构以公开资料为基础的主动评级，结果却存在巨大差异。评级着重考虑四大行的国有独资背景及其在国民经济中的地位，四大行获得了国家强有力的支持，信用可以等同于国家信用。穆迪、标准普尔等对中国银行业评级采用的是国际普遍接受的先进评级方法，以资产质量、资本充足率、管理能力、赢利能力和公司治理等多种指标为依据。另外，穆迪、标准普尔等对中国主权评级偏低也是银行评级结果偏低的重要原因。

表7－4　　2010年中国主要商业银行综合实力评级结果比较

	大公国际	中诚信国际	穆迪
中国工商银行	AAAP/稳定	AAA/正面	E＋/正面
中国农业银行	AAAP/稳定	AAA/稳定	E/稳定
中国银行	AAAP/稳定	AAA/稳定	D－/稳定
中国建设银行	AAAP/稳定	AAA/稳定	D－/稳定
招商银行	AAAP/稳定	AA/稳定	D/稳定

续 表

	大公国际	中诚信国际	穆迪
浦发银行	AAAP/稳定	AA +/稳定	D/稳定
兴业银行	AAP +/稳定	AA +/稳定	
华夏银行	AAP/稳定	AA/稳定	
光大银行	AAAP/正面	AAA/稳定	D -/稳定
广东发展银行	AAP -/正面	AA -/稳定	E +/稳定

资料来源：Moody、大公国际网站①和中诚信国际网站②。

信用评级对中国银行业的约束作用是非常重大的，标准普尔等对中国银行业的负面信用评级曾引起国内银行的强烈质疑，能够反映出信用评级在引导市场约束方面的巨大作用。当时，国内银行特别是四大国有银行谋求在境外上市，信用评级是股票市场投资者的重要信息参考，直接影响新股的定价和融资规模。随着改革的进一步深入，以及国内市场的全面开放和国际化的发展，中国银行业会更加频繁地在国内外市场发行股票、债券和其他的货币市场金融工具，信用评级对银行的约束力量会日益明显。

为了有效发挥市场约束的作用，及时、准确和公正的信用评级结果至关重要。整个评级过程中，数据的收集和处理包含一定的误差，包含了分析师对市场变化趋势的主观判断因素，其准确性和公正性会受到影响。中国银监会2011年发布的《关于规范商业银行使用外部信用评级的通知》提出：商业银行应当审慎使用外部信用评级，外部信用评级结果不应直接作为商业银行的授信依据，确保外部评级机构具有独立性、专业能力和评级公信力。

从技术而言，标准普尔、穆迪和惠誉等著名国际评级机构无疑处于领先地位。国内机构也有自身优势，他们对中国银行业和整体经济状况更加了解，能够更及时了解银行风险变化并做出反应。有报道提到了信用评级的“话语权”和金融安全问题，指出不公正的信用评级对银行业造成的不利影响，主张发展国内信用评级机构来掌握金融的话语权。对于争夺话语权的观点显然

① 大公国际网站：http：//www. dagongcredit. com/

② 中诚信国际网站：www. ccxi. com. cn

值得商榷，信用评级机构不能直接影响银行业的成本，他们要通过金融工具的持有者才能发挥作用，能够对市场产生巨大影响说明市场参与者对信用评级结果可信度的认同。但是，发展中国信用评级行业是非常重要的，市场竞争有利于约束评级机构的行为，能够给市场参与者提供更多信息来源，能够相互补充和纠正错误信息。

信用评级行业的发展依赖于信用评级市场未来的发展，我国企业债券和金融债券等业务的发展为信用评级机构提供了巨大的业务发展空间。特别是银行债券发行的规模不断扩大，中国银行业已经成为信用评级机构的主要客户。为了竞争银行债券发行的信用评级业务，信用评级机构可能出现道德风险问题，通过提高信用评级来迎合银行这样的客户，从而导致评级信息的不准确。这就需要管制机构有效监管信用评级机构，投资者也可以通过信用评级机构信誉来调整对评级信息利用程度。

7.5 本章结论

本章作为中国问题的实证研究，始终紧密围绕中国国情和银行业改革实践展开。随着我国多家银行公开发行股票和次级债券，银行业受到市场约束越来越显著。在中国银行业的全面开放情况下，优化银行业的市场约束势在必行。为了发挥市场在资源配置中的决定性作用，需要进一步完善市场约束的实现条件。需要通过全面改革来消除阻碍因素，通过具体的措施来完善市场约束机制，有效激励所有市场主体维护银行业的稳定。

参考文献

[1] 艾伦·加特．管制、放松与重新管制［M］．北京：经济科学出版，1999.

[2] 安德鲁·盛．银行业重组：从 20 世纪 80 年代银行危机中得到的经验教训［M］．北京：中国金融出版社，2001.

[3] 安德鲁·斯平德勒．对银行机构的非现场监督［C］．美国银行监管，北京：中国金融出版社，1998.

[4] 保罗·萨缪尔森，威廉·诺德豪斯．经济学［M］．16 版．萧琛，等译．北京：华夏出版社，1999.

[5] 伯格洛夫，伯尔顿．转轨经济的大分化·金融构架比较［M］．比较：第二辑．北京：中信出版社，2002.

[6] 大卫·梅斯，丽莎·海尔姆，阿诺·柳克西拉．改进银行监管［M］．方文，等译．北京：中国人民大学出版社，2006.

[7] 丹尼尔·史普博．管制与市场［M］．余晖，等，译．上海：上海人民出版社，1999.

[8] 国际清算银行．巴塞尔银行监管委员会文献汇编［M］．中国人民银行译．北京：中国金融出版社，1998.

[9] 黑田东彦．日本金融自由化与资本自由化的经验［C］．2004 中日经济高级论坛——金融改革与发展，北京：经济科学出版社，2004.

[10] 吉莉安·加西亚．存款保险制度的现状与良好做法［M］．北京：中国金融出版社，2003.

[11] 杰姆斯·巴茨．WTO 下的中国银行业法律体系［J］．银行家，2006（12）：93－95.

［12］卡布尔．产业经济学前沿问题［M］．于立，等译．北京：中国税务出版社，1999．

［13］拉·波塔，洛佩兹·西拉内斯，安德烈·施莱弗．政府对银行的所有权［M］．比较，北京：中信出版社，2003．

［14］罗伯塔·普歇尔．对银行的现场检查过程［C］．美国银行监管，北京：中国金融出版社，1998．

［15］罗兰．转型与经济学：政治、市场和企业［M］．比较：第三辑，北京：中信出版社，2002：35－53．

［16］马克思．资本论（第三卷）［M］．中共中央马克思恩格斯列宁斯大林著作编译局，译．北京：人民出版社，2004．

［17］青木昌彦，帕特里克．日本主银行体制及其与发展中国家经济转轨中的相关性研究［M］．张橹，等译．北京：中国金融出版社，1998．

［18］苏亥尔·米科达西．21世纪金融中介［M］．北京世纪英闻翻译有限公司，译．北京：中国对外经济贸易出版社，2004．

［19］泰勒米，门瓦罗达基斯．金融发展与经济增长的模型：近来文献概览［C］//余昌淼，等译．金融发展与经济增长——发展中国家（地区）的理论与经验．北京：经济科学出版社，2001．

［20］王（Ong）．内部信用风险模型：资本分配和绩效度量［M］．李志辉，译．天津：南开大学出版社，2004．

［21］熊彼特．经济发展理论［M］．北京：商务印书馆，1990．

［22］约翰·考埃特．演进着的信用风险管理［J］．石晓军，张振霞，译．北京：机械工业出版社，2001．

［23］约瑟夫·斯蒂格利茨．转轨中的公司治理失效［J］．高险峰，等译．经济管理文摘，2002（4/5）．

［24］竹内宏．日本金融败战［M］．彭晋璋，译．北京：中国发展出版社，1999．

［25］陈国进．我国股票市场的过度反应现象及其成因分析［J］．南开经济研究，2006（3）：42－53．

［26］陈建新．商业银行发行次级债券走向规范［N］．金融时报，2004－

6－24.

［27］陈俊龙．银行业市场约束之研究［D］．成都：西南财经大学，2001.

［28］樊彦翔．次级债对银行的市场约束——基于我国商业银行次级债的现状分析［J］．技术与市场，2006（10）：43.

［29］国务院发展研究中心金融研究所．城市商业银行调查发展［J］．2005（7）：77－78.

［30］韩雪萌．银监会加强现场检查严处银行违规行为［N］．金融时报，2006－2－7（1）.

［31］美国金融服务现代化法［M］．黄毅，杜要忠，译．北京：中国金融出版社，2000.

［32］蒋海．金融监管理论及其新进展［J］．经济评论，2003（1）：106－111.

［33］金子寿．银行监管新理念——市场约束的研究［D］．硕士学位论文．成都：西南财经大学，2004.

［34］郎咸平．黯淡的光大［J］．商务周刊，2004（4）：38－39.

［35］郎咸平．信托责任与企业文化［J］．大经贸，2005（2）：78－81.

［36］冷啸．恩平，告别“金融之痛”［J］．南风窗，2001（8）：22－25.

［37］李箐．光大银行重组定案［J］．财经，2006（26）.

［39］梁朝晖，张维．中国股票市场的“不流动性溢价”现象研究［J］．哈尔滨工业大学学报：社会科学版，2006（5）：82－86.

［40］刘晶．市场约束及其制度基础［D］．武汉：武汉大学，2004.

［41］刘裕荷，等．银行间债券市场回购利率的波动性分析［J］．郑州大学学报：理学版，2006（1）：115－119.

［42］钱颖一．市场与法治［J］．经济社会体制比较，2000（3）：1－11.

［43］冉学东．银监会强化商业银行信息透明度监管［N］．第一财经日报，2005－3－24（B2）.

［44］时寒冰．罗杰斯与格林斯潘谁更懂中国股市［N］．中国改革报，2007－2－5（6）.

［45］寿建新．新资本协议中的市场纪律及其局限性［J］．浙江金融，

2003 (8): 12 - 13.

[46] 田光伟. 金融监管中的市场约束研究 [D]. 北京: 中央民族大学, 2005.

[47] 王春晖. 台湾企业掏空银行手法起底 [J]. 证券市场周刊, 2007 (3): 58 - 60.

[48] 王一江, 田国强. 中国银行业: 改革两难与外资作用 [M]. 比较. 北京: 中信出版社, 2003.

[49] 吴琼. 对中国证券市场反应过度及反应不足的实证研究 [J]. 世界经济情况, 2006 (6): 19 - 23.

[50] 席红辉. 新巴塞尔协议框架下的风险分类和控制: 银行和保险 [J]. 商业研究, 2005 (5): 144 - 146.

[51] 郄永忠, 章彰. 安然之死 [M]. 北京: 中信出版社, 2002.

[52] 小崔. 城市商业银行达标任重而道不远 [N]. 中国经济导报, 2006 - 6 - 1 (B3).

[53] 谢伏瞻. 金融监管与金融改革 [M]. 北京: 中国发展出版社, 2002.

[54] 杨德勇, 王桂贤. 我国银行业垄断与效率的经济学分析 [J]. 财贸经济, 2001 (12): 46 - 49.

[55] 易宪容. 如何评估国内银行改革新进展 [N]. 中国经济时报, 2005 - 9 - 14 (5).

[56] 张强, 佘桂荣. 银行监管的市场约束理论进展 [J]. 金融研究, 2006 (10): 98 - 105.

[57] 张玉梅. 次级债对银行的市场约束——基于银行间相互持有次级债的角度 [J]. 经济论坛, 2005 (21): 110 - 111.

[58] 赵红梅. 全国中小商行不良贷款“双降” [N]. 中国经济时报, 2007 - 2 - 5 (2).

[59] 中国金融学会. 中国金融年鉴 1993 [M]. 北京: 中国金融出版社, 1993.

[60] 周小川. 对金融机构的激励机制 [N]. 金融时报, 2003 - 9 - 13.

[61] 卓夫. 建立和完善金融机构激励机制 [N]. 金融时报, 2003-9-13.

[62] 朱文晖. 日本又一次失败 [M]. 南京: 江苏人民出版社, 1998.

[63] 吴辉. 谁来监督"安达信" [N]. 中国经济导报, 2002-6-13 (C1).

[64] 石海平. 九千亿不良资产小心剥离农行年内完成财务重组 [N]. 中国经营报, 2007-2-5 (A02).

[65] AMABLE, B JEAN - BEMARD, CHATELAIN. Can financial infrastructures foster economic development [J]. Journal of Development Economics, 2001, Vol. 64 (2): 481-498.

[66] ASANO, AKIHITO, ETO, et al. The paradox of limited deposit insurance under the amakudari practice in the Japanese banking system [J]. Journal of Asian Economics, 2006, Vol. 17 (1): 126-143.

[67] BAER, H BREWER, E UNINSURED. Deposits as a source of market discipline: Some new evidence [J]. Federal Reserve Bank of Chicago Economic Perspectives, 1986, Q323-331.

[68] BARTH, J R HUDSON, C D. PAGE, et al. The Need to Reform the Federal Deposit Insurance System [J]. Contemporary Policy Issues, 1991, Vol. 9 (1): 24-35.

[69] BENINK, HAROLD, CHARLES CALOMIRIS. Pushing for a Sub Debt Requirement [J]. The Banker. 1999. September. 17-18.

[70] BENSTON, G. EISENBEIS, R. HORVITZ, et al. Perspectives on Safe and Sound Banking: Past, Present and Future [M]. Cambridge, MA: MIT Press, 1986.

[71] BENSTON, GEORGE, J GEORGE, et al. Risk and Solvency Regulation of Depository Institutions: Past Policies and Current Options [M]. New York: New York University Press, 1998.

[72] BENSTON G. What's Special About Banks [J]. The Financial Review, 2004, Vol. 39 (1): 13-33.

[73] BENTON E. GUP, PHILIP BARTHOLOMEW. Banking Crises: Analy-

sis and Consequences [C]. in George Kaufman, eds. Bank Problems: A Global Perspective. Volume 11, JAI Press, 1999: 169 - 180.

[74] BERGER, A MARKET. Discipline in banking [R]. Proceedings of a Conference on Bank Structure and Competition. Federal Reserve Bank of Chicago, 1991: 419 - 437.

[75] BERGER, A DAVIES, S FLANNERY M. Comparing market and supervisory assessments of bank performance: Who knows what and when [J]. Journal of Money, Credit, and Banking, 2000, Vol. 32 (3): 641 - 667 .

[76] BHATTACHARYA, S A BOOT, A THAKOR. The Economics of Bank Regulation [J]. Journal of Money, Credit and Banking, 1998, Vol. 30 (4): 745 - 770.

[77] BILLETT, MATTHEW T, JON A GARFINKEL, et al. The Cost of Market versus Regulatory Discipline in Banking [J]. Journal of Financial Economics, 1998, Vol. (48): 333 - 358.

[78] BIS. Basel Ⅱ: International Convergence of Capital Measurementand Capital Standards: a Revised Framework [R]. Basel Committee on Banking Supervision, 2004.

[79] BIS. Framework for Internal Control Systems in Banking Organisations [R]. Basel Committee on Banking Supervision, 1998.

[80] Black, F COX, J C. Valuing corporate securities: Some effects of bond indenture provisions [J]. Journal of Finance, 1976, Vol. 31 (2): 351 - 367.

[81] BLISS R R, FLANNERY M J. Market discipline in the governance of US bank holding companies: onitoringvs. influencing [C]. In F. S. Mishkin, eds. Prudential Supervision: What Works and What Doesn't. Chicago: University of Chicago Press, 2001: 107 - 146.

[82] BLISS R R. Market Discipline: Players, Processes, and Purposes [C]. In Borio, C, G Kaufman, W Hunter and K Tsatsaronis, eds. Market discipline: the cross - country and cross - industry evidence, MIT Press, 2004.

[83] BLISSR R. Market discipline and subordinated debt: a review of some

salient issues [J]. Economic Perspectives, Federal Reserve Bank of Chicago, 2001, Q I: 24 -45.

[84] BOKROS L. Financial Sector Development in Central and Eastern Europe [C]. In Winkler, A. eds., Banking and Monetary Policy in Eastern Europe. The First Ten Years. Houdmills and New York: Palgrave Publishing, 2002: 11 -42.

[85] BONIN J K, MISZEI I, SZEKELY, et al. Banking in Transition Economies: Developing Market Oriented Banking Sectors in Eastern Europe [M]. Brookfield, Vermont, Edward Elgar. 1998.

[86] BORITH M, F MONTES - NEGRET. Preventing banking crises by supporting the truth [R]. In G. Caprio, Jr., W. C. Hunter, G. G. Kaufman and D. M. Leipziger, eds. Preventing Bank Crises: Lessons from Recent Global Bank Failures, Washington, D. C.: World Bank, 1998: 69 - 12.

[87] BREWER, GENAY H., HUNTER W. Does the Japanese Stock Market Price Bank - Risk? Evidence from Financial Firm Failures [J]. Journal of Money, Credit & Banking, 2003, Vol. 35 (4): 507 -543.

[88] BURTONS, GARY S. A Survey of Current and Potential Uses of Market Data by the FDIC [J]. FDIC Banking Review, 2005, Vol. 17 (1): 1 -17.

[89] CZLOMIRIS CHARLES W, GORTON GARY. The origins of banking panics [R]. In: Charles W. Calomiris, eds. U. S Bank Deregulation in Historical Perspective, Cambridge University Press, 2000: 93 -163.

[90] CAPRIO G, HONOHAN P. Can the Unsophisticated Market Provide Discipline [R]. in Market Discipline across Countries and Industries, C. Borio, W. Hunter, G. Kaufman, K. Tsatsaronis eds. The MIT Press, Cambridge, MA, 2004: 349 -362.

[91] CAPRIO G, KLINGEBIEL, D. Episodes of systemic and borderline financial crises [R]. Working paper, The World Bank, Washington DC, May. 1999.

[92] CAPRIO G. Banking on crises: Expensive lessons from recent financial crises [R]. World Bank, Policy Research Working Paper, No. 1979, Washington, DC. 1998.

[93] CARGILL T G. CAMEL ratings and the CD market [J]. Journal of Financial Services Research, 1989, Vol. 3: 347 -358.

[94] CHOIL, JONGMOO J, HIRAKI TAKATO. The Japanese Finance: is it Unique [J]. International Finance Review, 2003, Vol. 4: 3 -9.

[95] COLE, REBEL A, JEFFERY W, et al. Predicting Bank Failures: A Comparison of On - and Off - Site Monitoring Systems [J]. Journal of Financial Services Research, 1998, Vol. 13 (2): 103 -118.

[96] CORNELL, BRADFORD, ALAN C, et al. The Reaction of Bank Stock Prices to the International Debt Crisis [J]. Journal of Banking and Finance, 1986, Vol. 10 (1): 59 -73.

[97] CORRIGAN G. Are banks special? Annual Report [R]. Minneapolis: Federal Reserve Bank. 1982.

[98] COVITZ D M, HANCOCK D. KWAST M L. A reconsideration of the risk sensitivity of U. S. banking organization subordinated debt spreads: a sample selection approach [J]. Economic Policy Review, 2004, Vol. 10 (2): 73 -92.

[99] CRANE, DWIGHT B. A Study of lnterest Rate Spreads in the 1974 CD Market [J]. Journal of Bank Research. 1976: 213 -224.

[100] CROCKETT, A. MARKET. Discipline and Financial Stability [J]. Journal of Banking and Finance, 2002, Vol. 26: 977 -987.

[101] DE JUAN A. The roots of banking crises: Microeconomic issues and supervision and regulation [J]. In. R. Hausman & L. Rojas - Suarez, eds., Banking Crises in Latin America. Washington: Inter - American Development Bank, 1996.

[102] DE YOUNG, R. COMMENT. In Bank Fragility and Regulation: Evidence from Different Countries [C]. George Kaufman eds. Volume 12, JAI Press. 163 -176.

[103] DE YOUNG, R FLANNERY, M LANG, et. al. The information content of bank exam, ratings and subordinated debt prices [J]. Journal of Money, Credit, and Banking, 2001, Vol. 33 (4): 900 -925.

[104] DEGEUNARO, R P THOMPSON J B. Capital Forbearance and Thrifts:

Examining the Costs of Regulatory Gambling [J]. Journal of Financial Services Research, 1996, Vol. 10 (3): 199 -212.

[105] DEKIE ROBERT, KLETTHER KENNETH. Deposit Insurance, Regulatory Forbearance and Economic Growth: Implications for the Japanese Banking Crisis [C]. In Michael Hutchison and Frank Westermann, eds. Economic Stagnation in Japan, MIT Press, 2006.

[106] DEMIRGUC - KKUNT, A. Detragiache, E. Does deposit insurance increase banking system stability? An empirical investigation [J]. Journal of Monetary Economics, 2002, Vol. 49: 1373 - 1406.

[107] DEMIRGUC - KUNT, ASLI, BAYBARS KARACAOVALI, et al. Deposit insurance around the world: A comprehensive database [R]. World Bank Policy Research Working Paper No. 3628, 2005 .

[108] DEWATRIPONT, M. J. TIROLE. The Prudential Regulation of Banks [M]. Cambridge, MA: MIT Press, 1994 .

[109] DIAMOND D, DYBAIG P. Bank Runs, Deposit Insurance, and Liquidity [J]. Journal of Political Economy, 1983, Vol. 91 (4), 401 -409.

[110] DIAMOND, DOUGLAS. Financial Intermediation and Delegated Monitoring [J]. Review of Economic Studies, 1984, Vol. 51 (3): 393 -414.

[111] DILOVA - KIRKOWA S. Corporate Governance in Bulgarian State - Owned Banks, 1992 - 1997 [J]. Post - Communist Economies, 1999, Vol. 11 (2): 253 -265.

[112] DOBRINSKY, RUMEN. The Transition Crisis in Bulgaria [J]. Cambridge Journal of Economics, 2000, Vol. 24, 581 -602.

[113] DOUGLAS D. EVANOFF, LARRY D. Wall. Subordinated Debt and Prompt Corrective Regulatory Action, in Prompt Corrective Action in Banking: 10 Years Later [C]. George Kaufman. eds. JAI Press, 2002, 53 - 119.

[114] DOWD K. Competition and Finance: A Reinterpretation of Financial and Monetary Economics [M]. New York: St. Martin' s Press. 1996.

[115] DOWD KEVIN. Option Clauses and the Stability of a Laissez - Faire Mone-

tary System [J]. Journal of Financial Services Research, 1988, Vol. 1: 319 -333.

[116] DOWD KEVIN. The State and the Monetary System [M]. New York: Philip Allan, 1989.

[117] ELLIS, DAVID, FLANNERY, et al. Dose the debt market assess large bank's risk [J]. Journal of Monetary Economics, 1992, Vol. 30, 481 -502 .

[118] ESTY, BENJAMIN. The Impact of Contingent Liability on Commercial Bank Risk Taking [J]. Journal of Financial Economics, 1998, Vol. 47 (2), 189 -218.

[119] EVANOOFF D. D, L. D. WALL. Subordinated Debt and Bank Capital Reform [J]. In George Kaufman eds. Bank Fragility and Regulation: Evidence from Different Countries. 2000 Volume 12 [M]. JAI Press. 53 - 120.

[120] EVANOFF D. D, WALL L. D. Measures of the riskiness of banking organizations: Subordinated debt yields, risk - based capital, and examination ratings [J]. Journal of Banking and Finance, 2002, Vol. 26: 989 - 1009.

[121] EVANOFF D. D, WALL L. D. Reforming Bank Capital Regulation: Using Subordinated Debt to Enhance Market and Supervisory Discipline [J]. Contemporary Economic Policy, 2001, Vol. 19: 445 -453.

[122] EVANOFF D. D. Preferred Sources of Market Discipline [J]. Yale Journal on Regulation, 1993, Vol. 10: 347 -367.

[123] FAMA E. Agency Problems and the Theory of the Firm [J]. Journal of Political Economy, 1980b. Vol. 88 (2): 288 -307.

[124] FAMA E. Banking in the theory of finance [J]. Journal of Monetary Economics, 1980a. Vol. 6 (1): 39 -57.

[125] FAN R. , HAUERICH J, P. RITCHKEN, et. al. Getting the Most Out of a Mandatory Subordinated Debt Requirement [J]. Journal of Financial Services Research, 2003, Vol. 24 (2/3): 149 - 179 .

[126] FITCHT. Dictionary of Banking Terms. Fourth Edition [M]. New York: Barron's. 2000.

[127] FLANNERY M. J. Using market information in prudential bank supervi-

sion. Are view of the U. S. empirical evidence [J]. Journal of Money, Credit and Banking, 1998, Vol. 30 (3): 273 - 305.

[128] FLANNERY M. J, SORESCU S. M. Evidence of Bank Market Discipline in Subordinated Debenture Yields: 1983 - 1991 [J]. Journal of Finance, 1996, Vol. 51: 1347 - 1377.

[129] FRASER D. R, MCCORMACK J. P. Large bank failures and investor risk perceptions: Evidence from the debt market [J]. Journal of Financial and Quantitative Analysis, 1978, Vol. 13: 527 - 532.

[130] FREIXAS X, J. C. ROCHET. Microeconomics of Banking [M]. Cambridge, MA: MIT Press, 1997 .

[131] FUKAO, MITSUHIRO. Japan's Lost Decade and its Financial System [J]. World Economy, 2003, Vol. 26 (3): 365 - 384.

[132] GARCIA GILLIAN. Deposit Insurance [C]. In Preventing Bank Crises: Lessons from Recent Global Bank Failures, edited by G. Caprio, Jr. , W. C. Hunter, G. G. Kaufman and D. M. Leipziger, eds. Washington, D. C. : World Bank, 1998: 255 - 268.

[133] GARTEN H. A. Banking on the Market: Relying on Depositors to Control Bank Risks [J]. The Yale Journal of Regulation, 1986 (4): 129 - 172.

[134] GHERITY, JAMNS A. The Option Clause in Scottish Banking, 1730 - 65: A Reappraisal [J]. Journal of Money, Credit & Banking, 1995, Vol. 27 (3): 713 - 726.

[135] GILBERT A, A MEYER, M. VAUGHAN. Could a CAMELS Downgrade Model Improve Off - Site Surveillance, Federal Reserve Bank of St [J]. Louis: Review, January/February, 47 - 63, 2002.

[136] GILBERT, ALTON R. Market Discipline of Bank Risk: Theory and Evidence [J]. The Federal Bank of St. Louis Review, 1990, Vol. 72 (1): 3 - 18.

[137] GILBERT, GARY G. Disclosure and Market Discipline: Issues and Evidence [J]. Economic Review, Federal Reserve Bank of Atlanta, 1983, 68: 70 - 76.

[138] GILLIAN GARCIA,. MATTHEW SAAL. Internal Governance, Market Discipline and Regulatory Restraint: International Evidence [C]. Federal Reserve Bank of Chicago, Rethinking Bank Regulation: What Should Regulators Do? Proceedings of the 32nd Annual Conference on Bank Structure and Competition, 1996: 43 – 58.

[139] GISSY, WILLIAM G. Regulatory forbearance: A reconsideration [J]. International Advances in Economic Research. 2000, Vol. 6 (4): 722 – 729.

[140] GOLDBERG, L. G. SYLAIA, C. HUDGINS. Response of uninsured depositors to impending S&L failures: evidence of depositor discipline [J]. Quarterly Review of Economics and Finance, 1996, Vol. 36 (3): 311–325.

[141] GOODHART C, HARTMANN P, LLEWELLYN D, et. al. Financial Regulation: Why, how and where now [M]. London: Routledge, 1998.

[142] GOODHART, CHARLES. Some new directions for financial stability. Per Jacobsson lecture [R]. BIS 2004. www. bis. org/events/agm2004/sp040627. pdf.

[143] GORTON G. Bank suspension and convertibility [J]. Journal of Monetary Economics, 1984, Vol. 2: 277 – 284.

[144] GORTON G, WINTON A. Financial Intermediation [C]. In G. Constantinides, M. Harris and R. Stulz, eds., Handbook of the Economics of Finance, Amsterdam: North – Holland. 2003.

[145] GORTON G, SANTOMERO A. M. Market discipline and bank subordinated debt [J]. Journal of Money, Credit, and Banking, 1990, Vol. 22 (1): 119 – 128.

[146] GREENSPAN A. Banking on change [J]. Orange County Business Journal, Sep – Oct, 2000 .

[147] GREENSPAN A. The Financial Safety Net [R]. Remarks to the 37th Annual Conference on Bank Structure and Competition of the Federal Reserve Bank of Chicago, Chicago, IL, 2001 http: //www. federalreserve. gov/boarddocs/speeches/2001/20010510/default. htm.

[148] GROPP R, RICHARD A. J. Rating Agency Actions and the Pricing of

Debt and Equity of European Banks: What Can We Infer About Private Sector Monitoring of Bank Soundness [J]. Economic Notes, 2001, Vol. 30 (3): 373 -398.

[149] GROPP R, J VESALA, G. VULPES. Equity and Bond Market Signals as Leading Indicators of Bank Fragility [J]. Journal of Money, Credit and Banking, 2006, Vol. 38: 399 -428.

[150] GROSSMAN R. The shoe that didn't drop: explaining banking stability during the Great Depression [J]. Journal of Economic History, 1994, Vol. 54: 654 -682.

[151] GUP, BENTON E, PHILIP F. The Decision to Fail Banks: A Global View [C]. In International Banking Crises: Large Scale Failures, Massive Government Interventions, Benton E. Gup, eds. Quorom Books, Westport, CT. 1999: 204 -219.

[152] GYNTELBERG, JACOB, GUONAN MA, et al. Developing Corporate Bond Markets in Asia [R]. In Developing Corporate Bond Markets in Asia, . BIS Paper no. 26, 2006: 13 -20.

[153] HAMALAINEN P. Mandatory Subordinated Debt and the Corporate Governance of Banks [J]. Journal of Finance, 2004, Vol. 12 (1): 93 -106.

[154] HAMALAIMEN P K, HALL M. J. B. A Framework for Market Discipline in Bank Regulatory Design [J]. Journal of Business Finance & Accounting, 2005, Vol. 32 (1/2).

[155] HAMALAIMEN P. K. Market Discipline and Regulatory Authority Oversight of Banks: Complements Not Substitutes [J]. The Service Industries Journal, 2006, Vol. 26 (1): 97 -117.

[156] HANAZAKI M, HORIUCI A. A review of Japan's bank crisis from the governance perspective [J]. Pacific - Basin Finance Journal, 2003, Vol. 11 (3): 305 -326.

[157] HANNAN T, HANWECK G. Bank insolvency risk and the market for large certificates of deposit [J]. Journal of Money, Credit, and Banking, 1988, Vol. 20 (2): 203 -211.

[158] HANSSON A. H, TOMBAK T. Banking crises in the Baltic States: Causes, solutions, and lessons [C]. In Blejer, M. I. and Škreb, M. eds. Financial Sector Transformation. Lessons from Economies in Transition, Cambridge University Press, 1999: 195 -236 .

[159] HAUSMANN, R. L. ROLAS - SUARES. Banking Crises in Latin America [M]. in IADB Eds. , Johns Hopkins University Press, 1996.

[160] HEFFERNAN S. A. Modern Banking in Theory and Practice [M]. Wiley, Chichester, UK. 1996.

[161] HEFFERNAN S. A. Modern Banking [M]. Wiley, London, UK. 2005.

[162] HENDERSAN L. C. Banking and Government in the Early Days of Banking [M]. In Bernard Shull and Gerald A. Hanweck, eds. Bank Mergers in a Deregulated Environment [J]. Westport, 2001. 13 -42.

[163] HICKSON C. R, TURNER J. D. Free Banking and the Stability of Early Joint - Stock Banking [J]. Cambridge Journal of Economics, 2004, Vol. 28 (6): 903 -919.

[164] HIRSHHORN, ERIC, DAVID ZERVOS. Policies to Change the Priority of Claimants: The Case of Depositor Preference Laws [J]. Journal of Financial Services Research, 1990. Vol. 4 (2): 111 -125.

[165] HOGGARTH, G P. JACKSON, E. NIER. Market Discipline and Financial Stability [C]. In R. E. Litan, M. Pomerleano, and V. Sundararajan, eds. The Future of Domestic Capital Markets in Developing Countries. Washington, D. C. : Brookings Institution, 2003.

[166] HORVITZ P. M. Market Discipline is Best Provided by Subordinated Creditors [J]. American Banker, 1983, 3.

[167] HORVITZ P. M. Subordinated Debt is Key to New Bank Capital Requirement, American Banker, 1984 (12): 5 -6.

[168] IANNA KAPLAN. The Financial Crisis in Southeast Asia: Measuring the Size of Implicit Deposit Insurance Guarantees [D]. PhD dissertation, University of Washington, 1999.

［169］ IEDA AKIRA. Comments on "Regulator Use of Market Data to Improve the Identification of Bank Financial Health" ［R］. www. bis. org/bcbs/events/oslo/aieda. pdf，2001.

［170］ IMAI M. The emergence of market monitoring in Japanese banks：Evidence from the subordinated debt market ［J］. Journal of Banking & Finance，2007，Vol. （5）：1441 – 1460.

［171］ INAKIRA N，SHIMIZUTANI S，PAPRZYCKY R. Deposit Insurance and Depositor Discipline：Direct Evidence on Bank Switching Behavior in Japan ［R］. Hi – Stat Discussion Paper Series d05 – 125，Institute of Economic Research，Hitotsubashi University. 2005.

［172］ JACKLIN C，BHATTACHARYA S. Distinguishing Panics and Information – based Bank Runs：Welfare and Policy Implications ［J］. Journal of Political Economy，1988 Vol. 96 （3）：568 – 592.

［173］ JONES，DAVID，KATHLEEN KING. The Implementation of Prompt Corrective Action：An Assessment ［J］. Journal of Banking and Finance，1995. Vol. 19 （3/4）：491 – 510.

［174］ JORAN，JOHN S. Depositor Discipline at Failing Banks ［J］. New England Economic Review，2000，March/April，15 – 28.

［175］ KANE EDWARD J. Comment on Analysis of the Impact of Capital – Specific Policies or Legislation and An Integrated Model of Household Flow – of – Funds Allocations ［J］. Journal of Money，Credit and Banking，1980，Vol. 12 （2）：422 – 25.

［176］ KANE E. J. Dangers of Capital Forbearance：The Case of the FSLIC and "Zombie" S&Ls ［J］. Contemporary Policy Issues，1987，Vol. 5 （1）：77 – 83.

［177］ KARAS ALEXIX，SCLOOS KOEN. Sophisticated Discipline in Nascent Deposit Markets：Evidence from Post – Communist Russia ［R］. Middlebury College Working Paper Series with number 0607，2006 .

［178］ KAUFMAN G. G. Banking and Currency Crises and Systemic Risk：Lessons from Recent Events ［J］. Financial Markets，Institutions，and Instruments, 2000, Vol. 9 (2): 69 - 131.

[179] KAUFMAN G. G.. Banking Risk in Historical Perspective [C]. In G. G. Kaufman, eds. Research in Financial Services. Greenwich, CT: JAI Press, 1989, Vol. 1: 151 - 164.

[180] KAUFMAN GEGOGE G. The New Depositor Preference Act: Time Inconsistency in Action [J]. Managerial Finance, 1997, Vol. 23 (11): 56 - 63.

[181] KAUFMAN GEGOGE G. Bank Capital Forbearance and Public Policy [J]. Contemporary Policy Issues, 1987. Vol. 5: 84 - 91.

[182] KAUFMAN GEGOGE G. Bank Fragility: Perception and Historical Evidence [R]. Working Paper 96 - 18. Chicago: Federal Reserve Bank of Chicago. 1996.

[183] KAUFMAN GEGOGE G. Bank Runs: Causes, Benefits and Costs [J]. Cato Journal, 1988, Vol. 2 (3): 559 - 588.

[184] KLEIN, MICHAEL A. 1971. A Theory of the Banking Firm [J]. Journal of Money, Credit and Banking, Vol. (3): 696 - 709.

[185] KOBAYASHI AYAMI. Is issuing subordinated debt by Japanese banks effective in the Japanese market [C]. In The Japanese Finance: Corporate Finance and Capital Markets in Changing Japan International Finance Review, Vol. 4: 303 - 323.

[186] KREUZBERGOVA E. Banking socialism in transition: the experience of the Czech Republic [J]. Global Business and Economics Review. 2006, Vol. 8 (1 - 2): 161 - 177.

[187] KROSZNER R. Free Banking: the Scottish Experience as a Model for Emerging Economies [R]. Working Paper, 1995.

[188] KULHANEK L, POLOUCEK, S STAVAREK D. The Financial and Banking Sectors in Transition Countries [C]. In Polouček, S. eds. Reforming the Financial Sector in Central European Countries. Houndmills: Palgrave Macmillan, 2004: 1 - 10.

[189] KURK HESS, GARY FENG. Is there market discipline for New Zeal-

and non – bank financial institutions [J]. Journal of International Financial Markets, Institutions and Money, 2007, forthcoming.

[190] KWAST. The Feasibility and Desirability of Mandatory Subordinated Debt [R]. submitted to the Congress pursuant to section 108 of the Gramm – Leach – Bliley Act of 1999. Washington: Federal Reserve Board. 2000.

[191] KWAST. Using Subordinated Debt as an Instrument of market Discipline [R]. Staff Study 172. Washington: Federal Reserve Board, 1999.

[192] KYDLAND, FINN E, EDWARD C. Prescott. Rules Rather than Discretion. The Inconsistency of Optimal Plans [J]. Journal of Political Economy. 1977, Vol. 85 (3): 473 – 491.

[193] LANE T. D. Market Discipline [R]. IMF Staff Papers, NO. 40, 1993: 53 – 88.

[194] LANG W. W, ROBERTSON D. Analysis of Proposals for a Minimum Subordinated Debt Requirement [J]. Journal of Economics and Business, 2002, Vol. 54: 115 – 136.

[195] LEATHERS, C. G. RAINES J. P. Market Discipline for Banks: A Historical Review [C]. In B. E. Gup, eds. The new financial architecture banking regulation in the 21st century, Westport: Quorum Books. 2000: 163 – 185.

[196] LEGGETT K. The Consequences of a Policy of Necessity: Bank Regulatory Forbearance, 1986 – 1989 [J]. Journal of Economics and Finance, 1994, 18 (1): 1 – 12.

[197] LEIPZIGER, DANNY M. The Argentine Banking Crisis: Observations and Lessons [C]. in G. Caprio, Jr. , W. C. Hunter, G. G. Kaufman and D. M. Leipziger, eds. Preventing Bank Crises: Lessons from Recent Global Bank Failures, Washington, D. C. : World Bank, 1998: 35 – 42.

[198] LINDGREN, CARL – JOHAN, GILLION GAIRA, et al. Bank Soundness and Macroeconomic Policy [R]. Washington, DC: International Monetary Fund, 1996.

[199] LLEWELLYN D. T. 'Comment' [C]. In G. G. Kaufman (ed.) Prompt

Corrective Action in Banking: 10 Years Later, Amsterdam: JAI Press. 2003b 321 - 334.

[200] LLEWELLYN D. T. Inside the "Black box of market discipline" [J]. Economic Affairs, 2005. Vol. 25 (1): 41 - 47.

[201] LLEWELLYN D. T. Some lessons for bank regulation from recent financial crises [R]. In: Handbook of International Banking, Mullineux, A. and V. Murinde, eds. Cheltonham: Edward Elgar, S. 2003a, 428 - 485.

[202] LLEWELLYN D. T., A Regulation Regime for Financial Stability [R]. In: Kaufman G. George, eds. Bank Fragility and Regulation: Evidence from Different Countries, Research in Financial Services: Private and Public Policy, 2000, Vol. 12, JAI, 191 - 237.

[203] MACLACHLAN F. C. Market discipline in bank regulation: Panacea or paradox [J]. The Independent Review, 2001, Vol. 6 (2): 227 - 234.

[204] MAECHLER A. M, KATHLEEN, M. MCDILL. Dynamic depositor discipline in US banks [J]. Journal of Banking and Finance, 2006, Vol. 30: 1871 - 1891.

[205] MANTRIPRAGADA K. G. Depositors as a Source of Market Discipline [J]. Yale Journal of Regulation, 1992, Vol. 9: 543 - 574.

[206] MARCUS A. J. Deregulation and bank financial policy [J]. Journal of Banking and Finance, 1984, Vol. 8: 557 - 565.

[207] MARINO A, BENNETT L. The Consequences of National Depositor Preference [J]. FDIC Banking Review, 1999, Vol. 12 (2): 19 - 38.

[208] MARNITEZ PERIA M. S, S. L. SCHMUKLER. Do Depositors Punish Banks for Bad Behavior? Market Discipline, Deposit Insurance, and Banking Crises [J]. Journal of Finance, 2001, Vol. 56 (3): 1029 - 1051.

[209] MERTON R. C. On pricing of corporate debt: The risk structure of interest rates [J]. Journal of Finance, 1974, Vol. 29: 449 - 470.

[210] MERTON R. C. An Analytic Derivation of the Cost of Deposit Insurance Loan Guarantees [J]. Journal of Banking and Finance, 1977. Vol. 1: 3 - 11.

[211] MEYER L. H. Market discipline as a complement to bank supervision and regulation [R]. Speech before the Conference on Reforming Bank Capital Standards, Council on Foreign Relations, New York, June 14. 1999.

[212] MICHAEL, C. JENSEN, WILLIAMH, et al. The Theory of the Firm: Managerial Behavior, Agency Costs and Ownership Structure [J]. Journal of Financial Economics, 1976 Vol. 3: 305 – 360.

[213] MILLER G. P. Banking crises in perspective: two causes and one cure [C]. in G. Caprio, Jr., W. C. Hunter, G. G. Kaufman and D. M. Leipziger, eds. Preventing Bank Crises: Lessons from Recent Global Bank Failures, Washington, D. C.: World Bank, 1998: 279 – 286.

[214] MINGO J. Regulatory influence on bank capital investment [J]. Journal of Finance, 1975, Vol. 30: 1111 – 1121.

[215] MONDSCHEAN T. S, OPIELA T. P. Bank Time Deposit Rates and Market Discipline in Poland: The Impact of State Ownership and Deposit Insurance Reform [J]. Journal of Financial Services Research, 1999, Vol. 15 (3): 179 – 196.

[216] MORGAN D. P, K. J. STIROH. Market Discipline of Banks: The Asset Test [J]. Journal of Financial Services Research, 2001, Vol. 20 (2/3): 195 – 208.

[217] MORGAN D. P, K. J. STIROH. Bond market discipline of banks: Is the market tough enough [J]. Federal Reserve Bank of New York Staff Report No. 95, 2000.

[218] MOSKOW M. Financial Infrastructure in Emerging Economies [J]. Journal of Financial Intermediation, Vol. 11 (4): 354 – 361.

[219] MOSKOW M. Regulatory efforts to prevent banking crises [C]. in G. Caprio, Jr., W. C. Hunter, G. G. Kaufman and D. M. Leipziger, eds. Preventing Bank Crises: Lessons from Recent Global Bank Failures, Washington, D. C.: World Bank, 1998, 13 – 26.

[220] MURATA KEIKO, HORI, MASAHIRO. Do small depositors exit from bad banks? Evidence from small financial institutions in Japan [J]. Japanese Economic Review, 2006, Vol. 57 (2): 260 – 278.

［221］ NICKERSON D, PHILLIPS R. J. Regulating Financial Markets: Assessing Neoclassical and Institutional Approaches ［J］. Journal of Economic Issues, June 2003, Vol. 37 (2): 441 -448.

［222］ NIER E, BAUMANN U. Market Discipline, Disclosure and Moral Hazard in banking ［J］. Journal of Financial Intermediation, 2006, Vol. 15 (3): 332 -361.

［223］ NIVOROZHKIN, EUGENE. Market Discipline of Subordinated Debt in Banking: The Case of Costly Bankruptcy ［J］. European Journal of Operational Research, 2005, Vol. 161 (2): 364 -376.

［224］ O' DRISCOLL, GERALD P. Bank Failures: The Deposit Insurance Connection ［J］. Contemporary Policy Issues, 1988: 1 -12.

［225］ OECD. Economic Survey of Bulgaria ［R］. OECD, Paris. 1999.

［226］ OECD. 1996 -1997 Economic Survey—Bulgari ［R］. Paris, OECD, 1997.

［227］ OSTERBERG, WILLIAM P. The impact of depositor preference laws, Economic Review ［J］. Federal Reserve Bank of Cleveland, 1996, Q3: 2 -11.

［228］ PARK, SANGKYUN, STAVROS PERISTIANI. Market discipline by thrift depositors ［J］. Journal of Money, Credit, and Banking, 1998, Vol. 30: 347 -364.

［229］ PARK, SANGKYUN. Market discipline by depositors evidence from reduced form equations ［J］. Quarterly Review of Economics and Finance, 1995, Vol. 35: 497 -514.

［230］ PATRICK HONOHAN, LUC LAEVEN. Systemic Financial Crises: Containment and Resolution ［M］. New York, Cambridge University Press, 2005.

［231］ PELTZMAN S. Capital investment in commercial banking and its relationship to portfolio regulation ［J］. Journal of Political Economy, 1970. Vol. 78: 1 -26.

［232］ PETTWAY, RICHARD H. Potential Insolvency, Market Efficiency, and Bank Regulation of Large Commercial Banks ［J］. Journal of Financial and

Quantitative Analysis, 1980, Vol. 15 (1): 219 - 236.

[233] PODPIERA R. Progress in China's Banking Sector Reform: Has Bank Behavior Changed [R]. IMF Working Paper No. 06/71, 2006.

[234] POP, ADRIAN. The Indirect Channel of Market Discipline in Banking: Testing the 'Sine Qua Non' Hypothesis [R]. LEO Working Paper, No. 2004 - 14, 2004.

[235] RANDALL, RICHARD E. Can the Market Evaluate Asset Quality Exposure in Banks [J]. New England Economic Review, 1989 (July/August): 3 - 24.

[236] REMSIK IVAN. Preventing banking crises by supporting the truth [C]. in G. Caprio, Jr., W. C. Hunter, G. G. Kaufman and D. M. Leipziger, eds. Preventing Bank Crises: Lessons from Recent Global Bank Failures, Washington, D. C.: World Bank, 1998: 127 - 132.

[237] RIXTEL, VAN, ADRIAN, et. al. Banking in Japan: Will "Too Big To Fail" Prevail [C]. in Benton Gup, eds. Too - Big - To - Fail: Policies and Practices in Government Bailouts, Westport CT: Greenwood Publishing/Quorum Books. 2003.

[238] ROCHET, JEAN - CHARLES. Market Discipline in Banking: Where Do We Stand [C]. in C. Borio, W. Hunter, G. Kaufman et K. Tsatsaronis, eds. Market Discipline across Countries and Industries, The MIT Press, Cambridge, MA, 2004: 55 - 67.

[239] ROTHBARD, MURRAY N. The Myth of Free Banking in Scotland [J]. Review of Austrian Economics, 1988, Vol. 2: 229 - 45.

[240] SAUNDERS, ANTHONY, BERRY WILSON. Contagious Bank Runs: Evidence from the 1929 - 1933 Period [J]. Journal of Financial Intermediation, 1996, Vol. 5 (4): 409 - 423.

[241] SCHULER, KURT. The World History of Free Banking: An Overview [C]. In The Experience of Free Banking, Kevin Dowd, eds . London: Routledge, 1992. 7 - 47.

[242] SCHWEITZER R, S. SZEWCZYK, R. VARMA. Too big to down-

grade: The response of financial analysts to bond downgrades of money center banks [J]. Managerial Finance, 2000, Vol. (2): 31 -41.

[243] SCOTT K. E. The defective design of federal deposit insurance [J]. Contemporary Policy, 1987, Vol. (5): 92 -99.

[244] SECHREAST, LARRY J. Free Banking: Theoretical and Historical Issues [D]. Ph. D. dissertation, University of Texas at Arlington, 1990.

[245] SECHREAST, LARRY J. White's Free Banking Thesis: A Case of Mistaken Identity [J]. Review of Austrian Economics, 1988, Vol. 2: 247 -57.

[246] SELGIN, GEORGE. The Theory of Free Banking: Money Supply under Competitive Note Issuance [M]. Totowa, N. J.: Rowman and Littlefield, 1988.

[247] SIMON KWAN. The promise and limits of market discipline in banking [J]. FRBSF Economic Letter, Federal Reserve Bank of San Francisco, 2002, Dec 13.

[248] SIMPSON W. GARY. Capital Market Prediction of Large Commercial Bank Failures: an Alternative Analysis [J]. The Financial Review, Vol. 18 (1): 33 -55.

[249] SIRONI A. An Analysis of European Banks' SND Issues and its Implications for the Design of a Mandatory Subordinated Debt Policy [J]. Journal of Financial Services Research, 2002, Vol. 20: 233 -266.

[250] SIRONI A. Testing for Market Discipline in the European Banking Industry: Evidence from Subordinated Debt Issues [J]. Journal of Money, Credit & Banking. 2003. Vol. 35 (3): 443 -472.

[251] SMITH Jr. Market Discipline and Corporate Control [C]. In Market Discipline across Countries and Industries, C. Borio, W. Hunter, G. Kaufman, K. Tsatsaronis eds. The MIT Press, Cambridge, MA, 2004: 187 -194 .

[252] SPIEGEL, MARK M. and Yamori Nobuyoshi. Market price accounting and depositor discipline: The case of Japanese regional banks [J]. Journal of Banking & Finance, 2007, Vol. 31 (3): 769 -786 .

[253] STAVAREK DANIEL, POLOUCEK STANISLAV. Efficiency and

Profitability in the Banking Sector [C]. In Polouček, S. eds. Reforming the Financial Sector in Central European Countries. Houndmills: Palgrave Macmillan, 2004: 74 - 135.

[254] STEINHERR A. Banking Reforms in Eastern European Countries [J]. Oxford Review of Economic Policy, 2001, Vol. 17 (4): 106 - 125.

[255] STERN, GARY H. Managing Moral Hazard with Market Signals. How Regulation Should Change with Banking [J]. Federal Reserve Bank of Minneapolis Region, 1999, Vol. 13 (3): 28 - 31, 60 - 62.

[256] SZILAGIY, PETER G. A Perspective on Japan's Corporate Bond Market Contemporary Studies [J]. Economic and Financial Analysis, 2005, Vol. 86: 417 - 434 .

[257] SZILAGIY, PETER G. and Batten. Jonathan A. Disintermediation and Bond Market Development [J]. Japan International Finance Review, 2003, Vol. 4: 253 - 278.

[258] VENSEL. V, WIHLBORG C. Financial constraints on entrepreneurship in Estonia [C]. In Financial Sector Reform and Privatization in Transition Economies, Doukas J. , Murinde V. , Wihlborg C. eds. North - Holland, 1998.

[259] WALL L. D. A Plan for Reducing Future Deposit Insurance Losses: Puttable Subordinated Debt [J]. Economic Review, Federal Reserve Bank of Atlanta, 1989, (July/Aug), 2 - 17.

[260] WHTE, LAWRENCE H. Free Banking in Britain: Theory, Experience and Debate, 1800 - 1845 [M]. Cambridge: Cambridge University Press, 1984.

[261] WILLIAMSON O. E. Corporate Governance [J]. Yale Law Review, 1984, Vol. 93: 1197 - 1219.

[262] YILMAZ, RASIM. Bank Runs and Deposit Insurance in Developing Countries: The Case of Turkey [D]. PhD dissertation, American University. 2003.

后 记

这部书稿放在一边有段时间了，在更新了一些内容后终于交给出版社出版。银行业市场约束研究是我一直坚持的研究方向，但显然后续研究没有更好地跟进。从科研人员向高校教师的转变是一个原因，更多的精力投入到教学当中，能够教出一些好学生也非常令人欣慰。

多年来，漫漫求学路恩师一直指导、教诲，才有了我现在从事教学、科研的基础。感谢我的导师王述英教授、周立群教授、黄继忠教授，以及我一直想拜师的于立教授。恩师在学习和科研方面给予了许多指导，在科研的选题和写作方面给予了深刻的启发，并且提出了大量真知灼见，使我的研究水平和规范程度有了很大的改进。恩师不但以严谨的学术风范指引我的学术方向，还对我的未来发展给予支持和鼓励，使我终身受益。

来到天津外国语大学工作四年多了，学校各级领导和同事一直给予我关心和鼓励，在此表示由衷的感谢。感谢民盟天津外国语大学支部的各位前辈和同事，感谢国际商学院特别是金融系的各位同事。感谢我的学生胡新颖对参考文献的校对。

感谢中国财富出版社和寇俊玲编辑为此书出版付出的努力。

此外，书中引用了许多文献，参考了一些重要学术观点，在此对原作者表示诚挚的谢意。

孙龙建

2014 年 1 月